改訂新版

"Hello" from Okayama

岡山から"ハロー"

岡山ローバル英語研究会編

山陽新聞社

はじめに

　岡山から英語で世界へ発信──。2013 年秋、岡山県内の小学校、中学校、高校、大学の英語教師が中心となり、キッズからシニアまでの英語を研究する会が発足しました。地方（local）から世界（global）へ、という意味を込めて、「岡山ローバル（lobal）英語研究会」と名付け、研究活動の一つとして、地元岡山から発信する英語の「学材」（学習材料）を開発しています。

　その内容の一部を、山陽新聞社から毎週日曜日に発行される「子どもしんぶん『さん太タイムズ』」の紙面で発表することになり、「"Hello" from Okayama 岡山から "ハロー"」と冠して連載をはじめました。連載は、2014 年 1 月から 9 月まで 39 週にわたりました。おかげさまで好評を博し、当初予定していたよりもやや長い連載期間になりました。連載にあたっては、「岡山ローバル英語研究会」として編集委員会を開いて討議を重ね、編集・執筆に当たりました。

　そして 2014 年 12 月、「さん太タイムズ」で連載した 39 編を一冊の本にまとめ、『"Hello" from Okayama　岡山から "ハロー"』を出版。幸いなことに、私たちの予想を超えて幅広い読者を獲得し、学習の参考書としてのみならず、岡山を英語で紹介する好適の書としても使っていただいたようです。ただ令和の時代になり、若干内容が古くなったトピックも見受けられることからこの度改訂し、話題が古くなったトピックは新しい内容に差し替え、より興味深く読み進められるようにしました。

　世界のことや他の国の人々の考え方を知ることはもちろん大切ですが、

日本のこと、自分が住んでいるところ、自分の考え方などを世界の人々に知ってもらうことも同じように大切です。英語学習においては、地方から世界に発信することが求められる時代になっています。この本は、身近な岡山県内のテーマを取り上げていますので、分かりやすく、しかも楽しみながら学習することができます。キッズからシニアまで、生きた英語の「学材」として本書を大いに活用してください。小学生、中学生、高校生、大学生は、教科書の学習に加えて、副教材として活用されることをお勧めします。

　この本を根気よく活用して、生きた英語力を身に付け、世界へ向かって羽ばたいてください。

　最後になりましたが、山陽新聞社ほかお世話になりました関係各位に感謝の意を表します。

岡山ローバル英語研究会会長

松畑　熙一

本書の特徴と使い方

（1） 岡山の地域色が豊か

　少しずつでも岡山のことや自分自身のことが英語で言えたら素敵ですね。英語に触れたら、いつでも岡山の自分の地域や自分自身の立場で言い換えて言ってみましょう。

（2） 音声 CD を収録

　本文はすべて音声 CD に吹き込まれています。英語は今やネイティブ・スピーカーだけのものではないので、登場人物によっては、吹き込みは非英語母語話者が行っています。英語をたくさん聞き、実際に声に出して発音してみてください。また、何度も繰り返し音読することで、この本の生きた英語を自分自身のことばにしてください。

（3） SECTION ごとの練習問題を用意

　それぞれのセクションに練習問題を用意しています。英語に関すること、みなさんの住んでいる場所に関すること、みなさん自身のことなどについて質問しています。ただ単に答えるだけではなく、そこからもうワンステップ踏み込んでいろいろ調べてみてください。どんどん興味がわいてくると思います。

（4） TODAY'S POINT 、WORDS & PHRASES、和訳が充実

　TODAY'S POINT では文化・言語に関する情報を、WORDS & PHRASES では単語やフレーズを扱っています。和訳は巻末に用意してあるので、それらを使って英語学習を進めてください。

（5） イラストや写真が豊富

　「英語は楽しく学んでほしい」という思いから、写真やイラストを効果的に取り入れています。場面や情景を思い浮かべながら学習（楽習）してください。

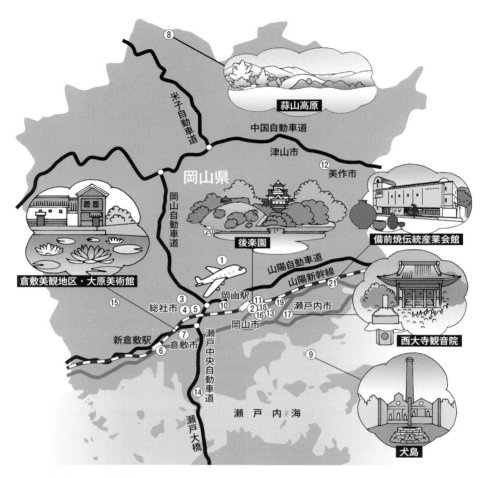

本文中の主な場所

1. 岡山空港（岡山市北区日応寺）
2. 後楽園（岡山市北区後楽園）
3. 宝福寺（総社市井尻野）
4. 吉備路（岡山市北西部〜総社市）
5. こうもり塚古墳（総社市上林）
6. 新倉敷駅（倉敷市玉島爪崎）
7. 大原美術館（倉敷市中央）
8. 蒜山高原（真庭市北部）
9. 犬島（岡山市東区犬島）
10. 吉備津神社（岡山市北区吉備津）
11. 夢二郷土美術館（岡山市中区浜）
12. 湯郷温泉（美作市湯郷）
13. 曹源寺（岡山市中区円山）
14. 児島ジーンズストリート（倉敷市児島地区）
15. 岡山天文博物館（浅口市鴨方町本庄）
16. 岡山城（岡山市北区丸の内）
17. 西大寺観音院（岡山市東区西大寺）
18. 岡山さくらカーニバル開催地（岡山市北区・後楽園東側の旭川河川敷）
19. ナカシマプロペラ（株）（岡山市東区上道北方）
20. 吉備高原医療リハビリテーションセンター（加賀郡吉備中央町吉川）
21. 備前焼伝統産業会館（備前市伊部）

改訂新版

"Hello" from Okayama
岡山から"ハロー"

目次

登場人物

Suzuki Yuki
鈴木ゆき

英語が大好きな小学6年生
（初登場時。のちに中学1年生に進級）

Suzuki Ichiro
鈴木一郎

岡山県職員で国際交流の
担当。ゆきと健太の父親

Chun Hong
チュン・ホング

ゆきのクラスメートの
ベトナム人少女

Emily Jones
エミリー・ジョーンズ

シドニー出身。倉敷地域の
小・中学校でALTとして働く

Suzuki Kenta
鈴木健太

スポーツが得意な中学2年生
（初登場時。のちに中学3年生に進級）

Suzuki Yoko
鈴木洋子

ゆきと健太の母親。一郎の妻

Tom Green
トム・グリーン

ボストン出身。岡山地域の
小・中学校でALTとして働く

Yamada Yuto
山田勇人

ゆきのクラスメートの少年

2

3

改訂新版

"Hello" from Okayama

岡山から"ハロー"

1

New Year's Day

柏手を打ち1年の幸福などを願う参拝者＝ 2020 年1月1日、倉敷市本町の阿智神社

On the last school day of the year Yuki and Chun said good-bye.

Yuki　：　Happy New Year to you.

Chun　：　The same to you. See you on New Year's Day.

Yuki　：　OK. Good-bye.

On New Year's Day Chun, Yuki and Yuki's father are visiting the Kibitsu Shrine for *hatsumode*.

Yuki and Ichiro ： Happy New Year!

Chun ： Happy New Year! Wow! So many people!

Yuki ： Yes. People come to pray for happiness and health in the coming year.

Chun ： What are they doing? They are clapping their hands.

Ichiro ： That's the Japanese way to pray: *nirei, nihakushu, ichirei*. Do it like this.

Chun ： OK. I'll try. When in Rome, do as the Romans do.

TODAY'S POINT

Happy New Year

年末にこの英語表現を使えば、「いいお年を」の意味ですが、同じ表現が元旦に使われれば、「新年おめでとう」の意味になります。

WORDS & PHRASES

hatsumode the first visit to the shrine 初詣
pray for happiness and health 幸福と健康のために祈る
nirei, nihakushu, ichirei bow twice, clap hands twice, and bow one more time 2礼、2拍手、1礼
Japanese way to pray 日本式の拝み方
When in Rome, do as the Romans do ローマにいるときは、ローマ人がするようにしなさい（郷に入っては郷に従え）

SECTION 1 練習問題

Write T for the true statements and F for the false statements.

(1) People say "Happy New Year!" on New Year's Day. (　　)

(2) People say "Happy New Year!" at the end of the year too. (　　)

(3) People clap their hands and dance to pray at the shrine. (　　)

(4) One of the Japanese ways to pray at the shrine is *nirei, nihakushu, ichirei*. (　　)

Welcome to Okayama

岡山空港から東京へ向かう日航機（手前）と全日空機

Tom arrived at Okayama Airport to start work as an ALT in Okayama City. Ichiro came with Yuki to pick him up.

Ichiro : Excuse me. Are you Mr. Green?

Tom : Yes, I'm Tom. Are you Mr. Suzuki?

Ichiro : Yes. Hello Tom. It's nice to meet you. How was your flight?

Tom	:	It was fine, but it is a very long journey from Boston to Okayama.
Ichiro	:	How long did it take?
Tom	:	It's about 16 and a half hours.
Ichiro	:	How about the time difference?
Tom	:	Boston is 14 hours behind Japan. What time is it now in Okayama?
Ichiro	:	It's 7 pm.
Tom	:	Oh, my watch is still on Boston time. It says 5 am.
Ichiro	:	You must be tired. Do you have jet lag?
Tom	:	I'm OK. I slept very well on the plane.
Ichiro	:	That's good. This is my daughter, Yuki.
Yuki	:	Hi, nice to meet you.
Tom	:	Nice to meet you too.
Yuki	:	Welcome to Okayama.
Tom	:	I'm glad to be here. Thank you.
Ichiro	:	Let's go home. My wife, Yoko, is making dinner.
Tom	:	That's great. I'm hungry.

••• TODAY'S POINT •••••••••••••••••••••

Time difference

時差。イギリスのグリニッジ中心に時間は決まっています。東へ経度15度
進むと1時間進み、西へ15度進むと1時間遅れます。

Jet lag

時差ぼけ。飛行機などで時差が数時間以上異なる地域に移動したとき、生活
時間が急に変わり調子が悪くなること。

•••••••••••••••••••••••••••••••••••••

WORDS & PHRASES

ALT　Assistant Language Teacher　外国語指導助手
must be tired　お疲れに違いない
14 hours behind Japan　日本より14時間遅い

Okayama City

JR 岡山駅にある貸自転車「ももちゃり」のサイクルポート

Tom, Kenta and Ichiro are talking about Okayama in the living room.

Kenta : Tom, you've been in Okayama for a month. How do you like it?

Tom : I like Okayama very much. It is quiet,

clean, and close to nature. Also, there are many museums and music halls and movie theaters. It's a cultural city as well.

Kenta : Did you know that the center of the city is flat? You can go anywhere by bike. Okayama Castle and Korakuen are great sightseeing spots. They are easy to access by bike.

Tom : I see. I'll do that then.

Ichiro : Hey! You can go cycling with Kenta

this weekend. Why don't you use the Momochari system? It is very useful and you can rent and leave the bikes at any of the Momochari cycle ports.

Tom : That's a good idea! Let's go next Saturday Kenta.

Kenta : Sure.

● ● TODAY'S POINT ●

Momochari system

岡山市の中心部 35 カ所（2020 年 8 月時点）で自転車の貸し出し、返却ができるコミュニティーサイクル。2013 年 7 月に導入され、手ごろな料金と利用エリアの拡大などが奏功して "市民の足" として定着している。

WORDS & PHRASES

close to nature 自然が身近にある

cultural city 文化都市

as well 同様に

sightseeing spot 観光や眺めを楽しめる場所

access by bike 自転車で行くことができる

At Korakuen

日本三名園の一つとして有名な後楽園

Tom and Kenta cycled from Okayama Station to Korakuen using Momochari bicycles.

Kenta : This is Korakuen. You can see Okayama Castle over there.

Tom : Wow, it's very beautiful and so large, isn't it?

Kenta : Yes. Korakuen is one of the top three

Japanese gardens in Japan. The others are Kenrokuen in Kanazawa City and Kairakuen in Mito City.

Tom   : Oh, really? Could you tell me a little bit about the garden's history?

Kenta   : Ikeda Tsunamasa, Daimyo of the Okayama area, made it about 300 years ago. It took 14 years to complete. He wanted a place to enjoy himself in every season. Also he needed a place to entertain his guests.

Tom   : So ordinary citizens couldn't enjoy the garden?

Kenta   : No. Only a few citizens could, but today we can all enjoy walking and seeing the scenery any time. Also there are a variety of events held in each season. You can come back to see the cherry blossoms.

Tom   : Yes, I'd love to. Anyway, aren't you

hungry?

Kenta : Yes, very much. Let's have a box lunch under the beautiful plum blossoms over there.

Tom : That's a good idea. After lunch, I'd like to go to Okayama Castle riding our Momochari.

Kenta : OK.

●●● TODAY'S POINT ●●●●●●●●●●●●●●●●●●●●●

否定疑問文に答える場合、英語では答えが肯定文なら Yes を使い、否定文なら No を使います。日本語に訳すときは、Yes は「いいえ」、Noは「はい」になります。

Don't you like sushi?　お寿司が好きではないですか。

Yes, I do.　いいえ、好きです。

No, I don't　はい、好きではないです。

WORDS & PHRASES

over there　向こうに

one of the top three Japanese gardens　日本三名園の一つ

Daimyo　大名。江戸時代にそれぞれの地方を統治していた人

complete　完成する

ordinary citizens　一般の人々

a variety of events　数多い催し物

SECTION 2　練習問題

1. 次の質問に日本語で答えてみよう。

(1) トムの出身地であるボストン市はアメリカの何州にありますか。
　　またその州はアメリカのどのあたりに位置していますか。

(2) アメリカに州はいくつありますか。最後にアメリカ合衆国の州に
　　加盟したのはどの州ですか。
　　＊アメリカの州名をできるだけたくさん覚えましょう。

(3) 日本の都道府県はいくつありますか。
　　＊すべての都道府県名と県庁所在地が言えるようにしましょう。

2. 初対面のとき役に立つ英語の表現を考えてみよう。

(1) 私は〜です。

(2) ～さんですか。

(3) はじめまして（お会いできて嬉しいです）。

(4) こちらは～です。

(5) ようこそ～へ。

(6) お手伝いしましょうか？

SECTION 3　練習問題

岡山市は岡山県の県庁所在地です。現在、岡山県には 15 市 10 町 2 村ありますが、あなたはいくつ答えられますか。できるだけたくさん言ってみよう。

SECTION 4　練習問題

次の質問に日本語で答えてみよう。

(1) 後楽園は日本三名園の一つとされていますが、
　　あとの二つは何ですか。

(2) それらはそれぞれ何県にありますか。

Hofukuji and Sesshu

雪舟が描いた「山水図（倣玉澗）」。
左上は富岡鉄斎が描いた「雪舟画像（粉本）」（部分）。いずれも岡山県立美術館蔵

On the way to his parents' house in Soja, Ichiro stopped off at Hofukuji Temple with Yuki and Chun.

Ichiro ： This is Hofukuji Temple. It was built during the age of Kamakura in 1232.

It has a beautiful garden and we enjoy its beauty through all four seasons.

Yuki : Sesshu trained at Hofukuji Temple when he was young. Do you know the story about Sesshu?

Chun : No, I don't. What was he like?

Ichiro : Sesshu was born in Akahama in Soja in 1420. He loved drawing and every day drew instead of training to be a monk at Hofukuji Temple. The priest got angry and tied Sesshu to a pillar for punishment. Sesshu cried and drew a mouse on the floor with his tears using his toes. The priest saw the mouse and found that Sesshu had a natural talent for drawing. At last he permitted Sesshu to draw.

Yuki : Sesshu soon became a great artist in Japan. That story is very famous.

Chun : What kind of paintings did he do, watercolor paintings, or oil paintings?

Ichiro ： He drew in India ink. His painting style is called *suibokuga*.

Chun ： I see.

● ● TODAY'S POINT ●

Watercolor painting 　水彩画。水で溶いた絵の具で描いた絵

Oil painting 　油絵。油絵の具で色を塗った絵

India ink painting 　水墨画。墨の濃淡やかすれで描いた絵

● ●

WORDS & PHRASES

stop off at ～ 　～へ立ち寄る

on the way to ～ 　～へ行く途中で

instead of training to be a monk 　僧侶になる修行をしないで

get angry 　怒る

have a natural talent for ～ 　～について天性の才能がある

permit ～ to ... 　～に … することを許す

Kibiji District

レンゲが咲き誇る備中国分寺一帯で開かれる吉備路れんげまつり

Ichiro took Yuki and Chun to Bitchu Kokubunji Temple. Around the temple Renge flowers are in full bloom.

Yuki : This is Bitchu Kokubunji Temple with a
five-story pagoda. The pagoda is a kind
of symbol of the Kibiji district. It's the
only five-story pagoda in Okayama

Prefecture.

Chun　:　What is the Kibiji district?

Yuki　:　One story is that it was the central area of the ancient Kibi kingdom. We think of mainly Soja City and the northern part of Okayama City as the Kibiji district.

Ichiro　:　Chun, can you see the small mound on the right hand side of the temple?

Chun　:　Yes. Is it an ancient tomb?

Ichiro　:　Yes. It's the Komoritzuka burial site. You saw the Tsukuriyama burial site the other day. The Kibiji district has many historical sites. Now it's a popular tourist spot.

Chun　:　I see.

Ichiro　:　Chun, the Kibiji Renge Matsuri will be held around Bitchu Kokubunji Temple on April 29th. There will be lots of events on that day. The *renge* is the city flower of Soja City.

Yuki : The rice fields are full of Renge flowers over there. Do you want to go and get a closer look?

Chun : Sure, I'd love to.

● ● TODAY'S POINT ● ● ● ● ● ● ● ● ● ● ● ● ● ● ● ● ● ● ●

「見る」「見える」、「聞く」「聞こえる」の違いは何

日本語では自分から意識して何かを「見る」「聞く」のに対し、自然に入って
くるものについては「見える」「聞こえる」と言います。英語では単語を使
い分けます。「見る」には look at を使い「見える」には see を使います。同
じように「聞く」listen to となり「聞こえる」は hear を使います。ちなみに
watch は、動きがあるもの、動きが予測されるものをじっと見るとき使います。

I looked at the clock.	時計を見た。
I saw Renge flowers.	レンゲの花が見えた。
I listened to the music.	音楽を聞いた。
I heard a baby crying.	赤ちゃんが泣いているのが聞こえた。

WORDS & PHRASES

Renge flower　レンゲの花　（英語では、Chinese milk vetch）
in full bloom　満開、見頃
the ancient Kibi kingdom　昔の吉備王国
the city flower　市の花
get a closer look　近くで見る

SECTION 1　練習問題

総社市についての説明文の（　　　）内に入ることばを考えてみよう。

総社市には、（　1　）伝説の基になったとされる吉備津彦命と鬼神・（　2　）の伝説が今に伝わっています。（　2　）の居城とされる鬼ノ城山には古代山城「鬼ノ城」があり、そこから見下ろす総社平野には画聖・（　3　）の生誕の地や備中国分寺、大小の古墳など、遺跡・史跡が数多く点在しています。

SECTION 2　練習問題

次の質問に英語には英語で、日本語には日本語で答えてみよう。

(1) Have you ever visited Bitchu Kokubunji Temple? If yes, what did you think of it?

(2) 総社市の花はレンゲですが、あなたの住んでいる市・町・村の花は何ですか。

At Shin-Kurashiki Station

新幹線や在来線が停車するJR新倉敷駅

Ichiro went to Shin-Kurashiki Station to pick up Emily.

Ichiro : Excuse me. Are you Ms. Emily Jones by any chance?

Emily : Yes, you must be Mr. Suzuki, right?

Ichiro : Yes, I am.

Emily : It's nice to meet you!

Ichiro : Welcome to Kurashiki!

Emily : Thank you very much for coming to pick me up.

Ichiro : No worries. Was your trip OK?

Emily : Yes. I enjoyed riding the Shinkansen from Osaka. This was my first time. Taking the bullet train was so exciting!

Ichiro : Good for you. Shall we go to Kurashiki right away?

Emily : Aren't we in Kurashiki already?

Ichiro : Yes, we are. Sorry, but I mean Central Kurashiki, where there is a famous sightseeing area called Bikan-chiku, the Bikan Historical Quarter. Is it OK if we visit the Bikan Historical Quarter before we go to your apartment?

Emily : Sure. I know the place. I read about it in Australia. It has loads of traditional houses and buildings. It's also well-known for an art museum, right?

Ichiro　:　Right. So let's go to the Ohara Museum of Art first and enjoy the art.

Emily　:　Wonderful! I can't wait to see it!

●●TODAY'S POINT●●●●●●●●●●●●●●●●●●●●●●●●

すみません

日本語の「すみません」は、人に声をかけるとき、謝るとき、お礼を言うときの主に3つの場面で使われます。英語は、それぞれの場面で異なる表現を使います。会話にあるように、声をかけるときは "Excuse me."、感謝するときは "Thank you."、謝るときは "（I'm）Sorry." です。日本人は「すみません」を無意識のうちに3つの意味で使い分けていることになります。

WORDS & PHRASES

by any chance　もしかして

pick ～ up　～を車で迎えに行く

No worries　心配いりません

bullet train　超特急（新幹線）

Good for you　それはよかったですね

Sure　もちろん。わかりました

loads of ～　たくさんの～

Ohara Museum of Art

倉敷市美観地区にある大原美術館

Mr. and Mrs. Suzuki will show Tom around the Kurashiki Bikan Historical Quarter on a holiday.

Tom　：　Wow! It's a beautiful place, isn't it? Is this the place you talked about the other day?

Ichiro　：　That's right. This area is called Bikan-chiku, the Bikan Historical Quarter.

Tom : I like this place very much.

Yoko : Tom, let's go to the Ohara Museum of Art over there.

Tom : OK.

In the museum

Tom : Wow! There are many beautiful paintings in here. Oh, look at this. How beautiful! I love this one.

Yoko : Do you? This is called Suiren or water lilies. It was painted by Claude Monet, a famous French painter.

Ichiro : As you see, Ohara Museum of Art has many famous paintings from around the world. This museum was opened by Ohara Magosaburo, a business man from Kurashiki City in 1930.

Tom : I see.

After the museum tour

Tom : Look at those very beautiful flowers over there. Are they Suiren?

Yoko : Yes. They were planted from the root of the water lilies that Monet actually painted.

Tom : Really? I didn't know that. That's great. Kurashiki City is famous for many things. I really enjoyed the museum tour. Thank you.

Yoko : You're welcome.

Ichiro : Why don't we have lunch Tom?

Tom : Great idea.

•• TODAY'S POINT ••

いろいろな相づち表現

英語の会話の中にも、さまざまな相づちの表現があります。今回の会話の中でも、That's right（そうだね）、Do you?（そうなの）、I see（なるほど）、Really?（本当に）などがあります。会話を円滑にするために、このような表現を使ってみましょう。

WORDS & PHRASES

as you see　見ての通り	water lilies　スイレン
over there　あそこに	actually　実際に
root　根	be famous for ～　～で有名な

SECTION 3 練習問題

次の状況で、「すみません」という気持ちを英語で表現するとしたら、（ア）～（ウ）のどれが適当ですか。記号を（　）内に書きましょう。

(1) 駅でハンカチを落としたところ、隣にいた人が拾ってくれた。
（　　　）

(2) 初めて訪れた街で、道が分からないので、通りがかりの人を呼び止めたい。（　　　）

(3) 喫茶店で友人と向かい合って話していたところ、まちがって水をこぼしてしまい、友人の服に少し水がかかってしまった。（　　　）

(4) スーパーで通路を通り抜けようとしたところ、途中で立ち話をしている人たちがいた。通りにくいので、声をかけたい。（　　　）

(5) 列車の中で、自分の重い荷物を棚に上げようとしていたら、隣の席の人が手伝ってくれた。（　　　）

(6) 教室の中で、友人同士で話をしている知り合いに、話の途中だがちょっと聞きたいことがある。（　　　）

(7) 寝坊して、駅前での友人との待ち合わせに遅れてしまった。
（　　　）

（ア）I'm sorry.　（イ）Excuse me.　（ウ）Thank you.

SECTION 4　練習問題

1. 本文に関する次の質問に英語で答えてみよう。

(1) What painting does Tom like?

(2) Who opened the museum in 1930?

(3) There are some Suiren outside. Where do they come from?

2. 大原美術館とフランスの画家モネが描いた「睡蓮」にはどんな関係があるのでしょうか。

Hiruzen Heights

巨大なかまくらが並ぶ「ひるぜん雪恋まつり」

Chun would like to see a snowy place, so Ichiro took Chun and Yuki to Hiruzen Heights.

Ichiro : Here we are. This is Hiruzen Heights.

Chun : How beautiful! Everything is covered with snow as far as the eye can see. Is this actually a part of Okayama Prefecture? There was no snow an hour and a half ago when we left Okayama City.

Ichiro : We have little snow in southern Okayama, but much more in the northern part every winter. Do you have snow in your country?

Chun : Sometimes we have a little snow.

Yuki : I am so hungry. It's almost noon. Why don't we try Hiruzen-yakisoba?

Ichiro : That sounds good. Since you are here, you should try the number one B-class gourmet dish.

Chun : B-class gourmet?

Yuki : It means local, delicious, and inexpensive dishes. There is a nationwide gourmet competition that we call the B-1 Grand Prix. Hiruzen-yakisoba won the 1st prize in 2011.

Chun : Wow, that's one of the best foods in Japan. I'd like to try it!

●● TODAY'S POINT ●●●●●●●●●●●●●●●●●●●●●●

アドバイス

英語圏では親しい人はもちろん、親しくない友人や目上の人にもアドバイスすることがよくあります。相手のためになると思えば、どんどん提案します。アドバイスの表現を学んでみましょう。

You should try 〜.　〜してみた方がいいよ。

Why don't you try 〜?　〜してみるのはどうですか。

How about trying 〜?　〜してみたらどう。

WORDS & PHRASES

heights　高原

be covered with 〜　〜で覆われている

as far as the eye can see　見渡す限り

actually　実際に

an hour and a half　1時間半

since 〜　〜なので

B-class gourmet　B級グルメ

A Trip to Inujima

かつて銅精錬で栄えた犬島精錬所跡。れんが造りの遺構と新築された石組みの美術館（右奥）が "競演" しています

Ichiro, Yuki, and Chun are taking a short trip to Inujima. Yuki and Chun are interested in its history and wonderful views.

Ichiro　：　Here we are in Inujima!

Yuki　：　Oh, I didn't know that Okayama City has a beautiful island like this.

Chun　：　Why is the island called Inujima? Are

there many dogs around here?

Ichiro : Well, one story is that the name Inujima comes from Inuishi-sama, a big rock on this island in the shape of a dog.

Chun : I see. What's that big building over there?

Ichiro : It was the Inujima Copper Refinery from 1909 to 1919, but after the refinery was closed, it was not used for about 90 years. Now it is popular again as a modern art museum called the Inujima Seirensho Art Museum.

Chun : It's an interesting story, isn't it?

Yuki	:	Shall we go and see the museum?
Chun	:	Good idea.
Ichiro	:	It's a bit far. Can you go by yourselves?
Yuki	:	Cheer up, dad! It's not far. Let's go together.
Ichiro	:	Alright, let's go.

●●● TODAY'S POINT ●●●●●●●●●●●●●●●●●●●●●

がんばれ

英語で「がんばれ」というときには、本文に出てきた Cheer up（元気を出して）の他にも、You can do it（きみならできる）、Good luck（うまくいくといいね）、Go for it（やってみよう）、Keep it up（その調子）、Take it easy（気楽にいこう）、Do your best（最善を尽くせ）などのさまざまな表現があります。Don't worry（気にするな）、Don't give up（あきらめるな）などもありますが、場面にふさわしい「がんばれ」が使えるといいですね。なお、応援するとき「ファイト」と言うことがありますが、英語の Fight は「戦え」という意味で「がんばれ」には使えません。

WORDS & PHRASES

take a trip　旅行をする
be interested in 〜　〜に興味がある
I see　なるほど。分かりました

A One-day Trip to Kibitsu Shrine

吉備津神社の本殿・拝殿

Yuki and Chun are at Yuki's home. They are talking about a one-day trip. They want to visit Kibitsu Shrine.

Yuki : Daddy, can you do me a favor?

Ichiro : All right, but what is it?

Chun : We are going on a one-day trip to Kibitsu Shrine. Is it far from here?

Ichiro : No, not so far. You can go there by local

train on the JR Kibi Line. It takes about 15 minutes from Okayama Station to Kibitsu Station. Then, walk for 10 minutes.

Chun : Can you go there with us?

Ichiro : Sure. I'd love to.

At Kibitsu Shrine

Chun : Wow! What a long corridor and a beautiful hydrangea garden.

Ichiro : Yes. It is about 400 meters long. Kibitsu Shrine is an old Shinto shrine and its Honden-Haiden is a national treasure. Many people visit to see this shrine.

Yuki : Can you tell us more?

Ichiro : A famous myth related to this shrine has been told through generations.

Chun : What is it?

Ichiro : You know the story of Momotaro? The myth of Kibitsuhiko-no-mikoto and Ura may have become the story of Momotaro.

Yuki　：　Terrific! I like that story.

Chun　：　Thank you for coming here with us today.

Ichiro　：　It's my pleasure. I had a great time too.

●●●●●● TODAY'S POINT ●●●●●●●●●●●●●●●●●●●●●●●●

英語のcome，goと日本語の「来る」「行く」

必ずしも「come ＝来る」、「go ＝行く」ではありません。英語では、相手の所へ
行くときは「行く」という意味でも come を使い、今いる場所（相手のいる場所）
から離れて別 (べつ) の所へ行くときは go を使います。つまり英語は、相手のこ
とを意識して come と go を使い分けます。

"Dinner is ready." "I'm coming."　　「夕食の準備ができましたよ」「今、行きます」

"It's 11 o'clock! I have to go home."　　「もう 11 時だ。家へ帰らなくては」

●●

WORDS & PHRASES

can you do me a favor?　　お願いがあるのですが

corridor　廊下　　　national treasure　国宝　　　generation　世代

A Visit to the Yumeji Art Museum

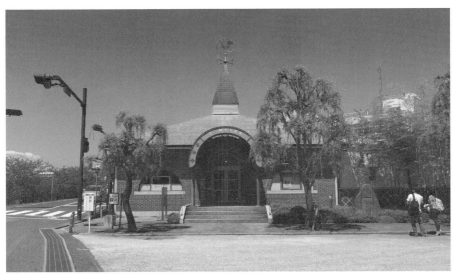

岡山後楽園の近くに立つ夢二郷土美術館本館。夢二の作品が常時 100 点以上展示されている

Ichiro, Tom and Kenta are visiting the Yumeji Art Museum in Okayama City.

Kenta : We can enjoy seeing Takehisa Yumeji's paintings here. Oh, I like this painting.

Ichiro : The painting's title is Tatsuta Hime. She is a goddess of a good harvest in autumn. The explanation says that this shows Yumeji's image of the ideal woman in his life.

Tom : The woman with a kimono is so beautiful. Yumeji was really good at painting beautiful Japanese women.

Kenta : Was this picture painted in the Taisho era?

Ichiro : No. It's one of the most famous works of his later years in the Showa era.

Kenta : Anyway, it was a long time ago.

Ichiro : Not such a long time ago. I was born in the Showa era.

Tom : Japanese people use Japanese eras to tell the year. It's interesting. Western countries use the Western calender only.

After the museum

Tom : Ichiro took Yuki and I to Yumeji's birthplace in Setouchi City the other day. We enjoyed the paintings there and took pictures in front of the old Japanese house with a thatched roof. I will show you the pictures, Kenta.

Kenta : I'm envious. Dad, please take me to the house where Yumeji grew up.

Ichiro : Sure. I will.

●●●TODAY'S POINT ●●●●●●●●●●●●●●●●●●●●●●

元号

皆さんは元号について考えたことがありますか。欧米諸国では西暦を使いますが、日本では西暦と和暦（元号）を使いますね。元号は年号と呼ばれることもあります。現在の元号である「令和」は西暦645年からはじまる1番目の元号「大化」から数えて248番目になります。西暦しか用いない人々からすると、西暦と元号の両方を用いる日本人は興味深いようです。

WORDS & PHRASES

goddess	女神	Western calender	西暦
harvest	収穫	birthplace	生家
ideal	理想の	thatched roof	茅葺き屋根
the Taisho era	大正時代	envious	うらやましい
the Showa era	昭和時代	grow up	育つ
Western countries	欧米諸国		

Yunogo Hot Springs

湯郷温泉の足湯　　　　　　湯郷温泉街の一角にたたずむ円仁法師の像

Yuki, Chun and Ichiro are taking a footbath at one of Yunogo's hot springs in Mimasaka City.

Chun ：　Wow, how comfortable it is to put my feet in hot water.

Yuki ：　It's also nice to feel the gentle breeze.

Ichiro ：　Taking a footbath improves the circulation of the blood and helps us to recover from fatigue.

Chun : Especially after the exciting Okayama Yunogo Belle soccer game.

Yuki : Right on! We were so excited.

Chun : It's wonderful that there is a lovely spa near the Mimasaka rugby and soccer ground.

Ichiro : Yes. We also call these spas "Sagino-yu or Heron Hot Springs".

Yuki : What do you mean?

Ichiro : Didn't you see some statues of a priest on your way here?

Chun : Yes, I did. What are they?

Ichiro : They are statues of the Priest Ennin. He is believed to be the discoverer of these hot springs. About 1,200 years ago in the Heian Era, he saw an injured snowy heron. It was healing itself in a spa. The priest found that it was good for your health.

Chun : That's a good story.

●●TODAY'S POINT ●●●●●●●●●●●●●●●●●●●●

Hot water

日本語では「湯」のことを「熱い水」とは言いませんね。「水」と「湯」を区別して用います。ところが英語では hot water（熱い水）とか boiled water（沸騰させた水）という表現をします。brotherが「兄」または「弟」、sister が「姉」または「妹」であるように、water も「水」または「湯」なのですね。

●●●●●●●●●●●●●●●●●●●●●●●●●●●●●●●●●●●●●●

WORDS & PHRASES

spa(s)=hot spring(s)　温泉 (地)　　recover from fatigue　疲労回復する

take a footbath　足湯につかる　　discoverer　発見者

gentle breeze　そよ風　　injure　負傷する

improve the circulation of the blood　血行をよくする

55

SECTION 1　練習問題

次の質問に英語で答えましょう。

(1) 蒜山高原について説明してみよう。

(2) アドバイスの表現を用いて、あなたの地元いち押しの食べ物をすすめ
　　 てみよう。

SECTION 2　練習問題

1. 美術館に入ってみると次のような英文の鑑賞上の注意書きがありま
　　 した。日本語にしてみましょう。

(1) Please stand in line.

(2) Please speak in a quiet voice.

(3) Please do not touch the pictures.

(4) Please do not take pictures.

(5) Please use only pencils.

(6) No eating or drinking.

2. 本文に出てきた言い方の他にも励ましたり勇気づけたりする表現があ
　　 ります。英語に合う日本語の意味を（ア）〜（カ）から選んで、
　　 記号を（　　　）内に書きましょう。

(1) Let's take a chance. (　　　)

(2) Hang in there. (　　　)

(3) Better luck next time. (　　　)

(4) Believe in yourself. (　　　)

(5) Calm down. (　　　)

(6) I'm always on your side. (　　　)

（ア）落ち着いて　　（イ）次はうまくいくよ　　（ウ）自分を信じて

（エ）やってみようよ　　（オ）いつも君の見方だよ　　（カ）頑張って

SECTION 3　練習問題

本文と内容が合っているものにはＴを、内容が間違っているものにはＦを書き入れましょう。

(1) 鈴木父娘とチュンは岡山駅からバスで１５分かけて
吉備津神社に行った。(　　　)

(2) 吉備津神社には美しいアジサイ園がある。(　　　)

(3) 吉備津神社には１キロメートルもある廊下があり、
国宝になっている。(　　　)

(4) 吉備津彦命と温羅の伝説は「桃太郎」の物語になったと
いわれている。(　　　)

SECTION 4 練習問題

1. 本文に関する次の質問に英語で答えてみよう。

(1) What is Kenta's favorite painting?
(2) In which era was Kenta's favorite picture painted?
(3) Where is Yumeji's birthplace?
(4) Is Takehisa Yumeji's house new or old?

2. 本文では、西暦以外に元号を用いるかどうかの違いについて書かれていますが、他に日本と欧米諸国との間での文化の違い（習慣の違い等）について考えてみよう。

SECTION 5 練習問題

本文に関する次の質問に日本語で答えてみよう。

(1) チュンとゆきは足湯に来る前に何をしていましたか。
(2) 足湯の良い点はどんなことでしょうか。
(3) 円仁法師は何をした人でしょうか。

58

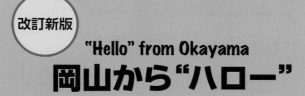

"Hello" from Okayama
岡山から"ハロー"

2

At Suzuki's House 1

日本で人気のある冬の料理「すき焼き」

Ichiro　:　Here we are. Welcome to our home.

Tom　:　Oh, this is a wonderful house.

Yoko　:　Please take off your shoes and put on the slippers.

Tom　:　This is a good way to keep the house clean.

Ichiro　:　Please come this way. This is your room. Make yourself at home.

Tom : Thank you for everything.

Yoko : I have prepared *sukiyaki* for you.

Tom : What is *sukiyaki*?

Yoko : It is a popular Japanese winter dish cooked at the table.

After eating *sukiyaki*

Tom : It was so delicious. I ate too much.

Yoko : I am glad you liked it.

Tom : By the way, this is a beautiful flower vase.

Ichiro : This is Bizen pottery. It is locally made. I can take you to Bizen if you like. You can make your own masterpiece.

Tom : How interesting! I would like to. Is Bizen pottery expensive?

Ichiro : That depends. The best quality pieces made with the best techniques are more expensive.

Tom   : I really like the colors.

Ichiro : Yes, they are beautiful, aren't they!

●●●TODAY'S POINT ●●●●●●●●●●●●●●●●●●●●●●

Sukiyaki

すき焼きは、薄切りの牛肉（thinly sliced beef）、タマネギ（onions）、しいたけ（shiitake mushrooms）などを浅い鍋（pan）に入れて調理し、砂糖、醤油（soy sauce）、酒などで味付けする日本の料理です。

WORDS & PHRASES

make yourself at home　くつろいでください

by the way　ところで

that depends　場合による

At Suzuki's House 2

外国人の修行僧も多い臨済宗の禅寺・曹源寺＝岡山市中区円山

Tom is going to stay with the Suzuki family for a while. Yoko is showing how to make a *futon* bed.

Yoko : Do you know what a *futon* is?

Tom : No, I don't. What is it?

Yoko : It's traditional Japanese bedding. It is put on the floor at night for sleeping. I will show you how to make the *futon* bed.

Tom : Thank you.

Yoko : First, spread out this mattress on the *tatami*. Next, cover it with a sheet, a blanket and a quilt.

Tom : I got it. By the way, what time do I need to get up tomorrow?

Yoko : By eight o'clock. We will visit Sogenji Temple in the morning. It is a well-known Zen temple built about 300 years ago. You will be surprised to see so many foreigners practicing Zen.

Tom : That sounds interesting. I have heard about Zen. It is a good way of meditating, right?

Yoko : Yes, it is.

Tom : I will set an alarm clock for 7:30.

Yoko : Well, have a good rest. Good night.

Tom : Good night.

●●● TODAY'S POINT ●●●●●●●●●●●●●●●●●●●●●●●

Sogenji Temple

曹源寺。岡山市中区円山にある臨済宗（Rinzai school/sect）の禅寺で岡山藩
池田家（Ikeda clan）の菩提寺です。世界中から修行僧が集まっていることで有
名です。

WORDS & PHRASES

traditional Japanese bedding　布団　　　　blanket　毛布

mattress　敷布団　　　　　　　　　　　quilt　掛け布団

sheet　シーツ

Gift Wrapping

きれいに包装された商品。日本のラッピングサービスは海外でも注目されています

Yoko and Kenta will go shopping at a department store with Tom to buy some souvenirs for Tom's parents.

In the department store

Yoko : Here we are.

Kenta : Tom, you want traditional Japanese gifts, right?

Tom : Yeah, I do. Do you have any recommendations

Kenta?

Kenta : How about Bizen-yaki? It is very famous pottery from Okayama.

Yoko : Good idea, Kenta. Why don't you buy this set of Bizen-yaki coffee cups Tom?

Tom : Oh, really cool! I'll take it.

At the cash desk

Clerk : Excuse me, is this a gift or for yourself?

Tom : Oh, it's a gift.

Clerk : Shall I wrap it up?

Tom : Uh...

Yoko : Yes, please.

Tom : Amazing! This wrapping is so beautiful. Japanese are really kind people. In the States, we don't have such nice wrapping and polite service.

Kenta : Really? I didn't know that. In Japan, this is quite common.

Tom : I think the wrapping skills in Japan are excellent.

Yoko : Beautiful wrapping is a symbol of the Japanese kind heart, which we call Omotenashi. I guess it comes from the Japanese custom of wrapping something with *furoshiki*.

Tom : Got it.

●●● TODAY'S POINT ●●●●●●●●●●●●●●●●●●●

ラッピングの 習慣

日本のラッピングの技術は海外で注目されています。欧米では店が美しく包装するラッピングサービスはあまりありません。自分でラッピングをするのが一般的です。プレゼントの包装は簡単なもので、欧米ではあまりラッピングに気を使わないようです。また、包装を破ってその場で開けることでプレゼントをもらったうれしさを表すようです。

WORDS & PHRASES

souvenir　お土産

traditional　伝統的な

recommendation　お勧め

pottery　陶器

amazing　すごい

custom　習慣

SECTION 1　練習問題

Fill in the blanks and complete the recipe for sukiyaki.

Choose the words from below.

Ingredients: thinly sliced beef, shiitake mushrooms, hakusai cabbage, tofu, ito konnyaku, naganegi onions, sugar, soy sauce, sake

How to cook

① (1) a pan at medium heat and add the oil.

② Sear the beef slices in the pan, and (2) the sugar, soy sauce, and sake when the meat has started to turn brown.

③ Add the rest of the (3) and (4) for about 10-15 minutes.

④ Adjust the seasonings as you like by (5) more soy sauce and/or sugar.

（ア）add　（イ）adding　（ウ）warm　（エ）ingredients　（オ）cook

A Wish for Good Weather

アジサイとてるてる坊主

Chun and Yuki are talking in the classroom.

Yuki : Rain again... It's been raining for three days.

Chun : I know. I'm so disappointed because we can't play outside.

Yuki : Now in Japan, we are in the middle of the rainy season.

Chun : How long does it last? I really miss the sunny days.

Yuki : We can't expect much sunshine till July. However, we can enjoy the beautiful hydrangeas which bloom in June.

Chun : We saw them at Kibitsu Shrine the other day and they were so pretty. I still hope to play outside.

Yuki : I have an idea! Let's make a *teru teru bozu*.

Chun : What is it?

Yuki : *Teru teru bozu* or shine shine monk is a paper or cloth doll which is hung by the window with a wish for good weather.

Chun : That sounds like fun.

Yuki : Shall we make one after lunch?

Chun : Yes, let's.

Yuki : I have another idea. We can also keep our fingers crossed while we wish for the sun. The crossing of two fingers is a gesture used in some countries when they make a wish.

Chun : OK, I'll try.

●●TODAY'S POINT ●●●●●●●●●●●●●●●●●●●

Keep our fingers crossed.

願いが叶うように、伸ばした人差し指の上に中指を交差させるジェスチャーです。
"Good luck.（幸運を祈る）"と言いながら、相手にこのジェスチャーをします。言われた人は、"Thank you." と返すといいでしょう。

●●

WORDS & PHRASES

disappointed　がっかりした。残念だ
last　続く
expect　期待する
bloom　花が咲く
hung by the window　窓辺につるされた

SECTION 2 練習問題

本文中の「布団の敷き方」のように日本的なことを英語で説明してみよう。

Explain Japanese ways in English
ex.)　how to throw away garbage
　　　how to use a bus

SECTION 3 練習問題

1. 本文に関する次の質問に英語で答えましょう。

(1) What did Kenta recommend Tom to buy?
(2) What is the Japanese kind heart called?
(3) What does the custom of Japanese wrapping come from?

2. 本文の内容に合うものを1つ選びましょう。

(1) Tom is going to buy a Bizen-yaki flower vase for his parents.
(2) Wrapping service is not so common in Japan.
(3) Tom was surprised because wrapping skills in Japan were excellent.
(4) Tom thinks it takes a lot of time for Japanese to wrap gifts.

SECTION 4 練習問題

次の質問に英語で答えてみよう。

(1) Have you ever made a *teru teru bozu*? If yes, why?
(2) Can you explain what the rainy season is like in Japan?

Momotaro, the Peach Boy

JR岡山駅前の桃太郎像

Yuki, Chun and Yuto are enjoying a conversation at a recess between classes. Tom meets them in the hall.

Tom : Hello students! Have you gotten used to junior high school life yet?

Yuki : It's OK, but sometimes I miss my elementary school days.

Tom : I see. Do you remember anything about

your foreign language activities?

Yuto : Yes! I remember being Momotaro, the Peach Boy, in a play. I was strong and brave.

Chun : I played a dog. I got Kibidango and went to Onigashima with the Peach Boy, a monkey and a pheasant.

Yuki : I played Akaoni, a red ogre. It was fun because we became good friends at the end after we fought.

Tom : The Peach Boy is a very popular story in Japan, especially in Okayama, isn't it?

Yuto : Yes, Okayama is known as the birthplace of the story of Momotaro.

Chun : I saw a statue of the Peach Boy in front of Okayama Station. I wonder what Kibidango tastes like.

Yuki : Kibidango is on today's school lunch menu. What are the chances?

Chun : Wow, I'm looking forward to it!

TODAY'S POINT

Play

英語には、たくさんの意味をもつ単語があります。play も「遊ぶ」だけではありません。「遊び」「劇」などの名詞や「役をする」という動詞としても使えます。他にも play the piano「ピアノを弾く」、play soccer「サッカーをする」などと表現できます。たくさんの意味や用法があるので、調べてみてください。

WORDS & PHRASES

get used to 〜　〜に慣れる

miss　〜がいなくて寂しい。〜が恋しい

remember doing　したことを覚えている

at the end　終わりに

birthplace　発祥の地

what are the chances　偶然だ

look forward to 〜　〜を楽しみにする

Kibidango

岡山でよく知られているお菓子・きび団子

Yuki, Yuto and Chun are eating Kibidango or Kibi dumplings at school lunch time.

Yuto : We have Kibidango for school lunch once a year. This is my favorite school lunch.

Chun : It is the first time for me to have Kibidango for school lunch.

Yuki : Kibidango is made out of *kibi*, a kind

of grain. I like Kibidango too. Please try it.

Chun : It looks like a marshmallow. I'll try it.

Yuki : How does it taste?

Chun : Tastes good! It tastes like a sweet and soft rice cake.

Yuto : Kibidango is popular in Okayama.

Chun : Why?

Yuki : You know the story of Momotaro, the Peach boy. He gave Kibidango to his followers, a dog, a monkey and a pheasant on his way to Onigashima. Kibidango gave them energy to fight the ogres. There is one story that says Okayama is the birthplace of Momotaro.

Chun : I see. Kibidango is special for people in Okayama.

Yuto : That's right. Chun, could you give me one of them? I'll follow you.

Chun : No, thank you. I don't need any followers.

TODAY'S POINT

お願いするときは丁寧に

日本語にも丁寧なお願いの仕方があるように、英語にも丁寧なお願いの表現があります。「親しき仲にも礼儀あり（Good fences make good neighbors.）」ということわざがありますが、丁寧なお願いの表現を学んでみましょう。

Would you lend me this book?　この本を貸してもらえませんか。
Could you pass me the salt?　お塩をまわしてくださいませんか。
I'm sorry to bother you, but ～　ご迷惑をおかけしますが～
May I have a glass of water?　お水をグラスに一杯いただけませんか。

WORDS & PHRASES

Kibidango or Kibi dumplings　きび団子
once a year　年に1回
be made out of ～　～から作られている

a kind of grain　穀物の一種
marshmallow　マシュマロ
followers　お供

Covering Hakuto with Paper Bags

白桃の袋がけ作業をする桃農家 = 倉敷市玉島地区

Chun met Yuki on the way to school on Monday.

Chun : What's wrong, Yuki? You aren't walking
as briskly as usual.

Yuki : I'm OK, but I have a backache.

Chun : How bad is it?

Yuki : Quite bad. Last weekend I helped my uncle
on his peach orchard. I covered 200 Hakuto

or white peaches with special paper bags.

Chun : Why do you cover the peaches?

Yuki : There are a few reasons to cover Hakuto. One is to avoid the strong sunshine. If we don't cover the peaches, they get a suntan and become red.

Chun : Red? I can't believe it. Are there any other reasons?

Yuki : Yes. To avoid damaging the peaches during heavy rain and wind. Also to protect them from insects. Look at my fingers. I got scratches on them, when I was twisting the wires on the edge of the bags.

Chun : Wow! You have many adhesive bandages on your fingers. Japanese people are very careful, meticulous, and original in making things. In Vietnam we have lots of tropical fruits, but we don't nurture them like this.

Yuki : It's really hard work, but thinking

about the results makes it worth doing it. Hakuto are perfect in every way. They are beautiful, taste good, and smell great. I am looking forward to having them at the beginning of August. Would you like to have some?

Chun : I'd love to have some. Let me carry your school bag, Yuki.

Yuki : Thanks.

TODAY'S POINT

痛み

英語では have a ～ache で体の痛い部分を表す表現があります。

have a headache　頭が痛い

have a toothache　歯が痛い

have a stomachache　お腹が痛い

ほかにも、have a pain in ～ 「～が痛い」という表現などがあります。

WORDS & PHRASES

on the way to ～　～へ行く途中

What's wrong?　どうかしましたか

protect ～ from ...　～を…から守る

get scratches　傷ができる

worth doing　する価値がある

SECTION 1　練習問題

次の英語のタイトルを日本語に訳すとどうなりますか。
(ヒント：日本昔話)

(1) Little One Inch

(2) Monkey vs. Crab

(3) The Crane Lady

(4) The Old Man who made Cherry Trees Blossom

Peach Farmer's Dessert

桃農家のデザート

Yuki got a lot of peaches from her uncle and aunt. She decided to cook peach farmer's dessert.

Yuki : Look, Chun. Do you know what kind of fruit this is?

Chun : Wow! A lot of peaches. I know, but I haven't eaten peaches in Japan yet.

Yuki : No way! Peaches are one of the most

famous fruits in Okayama. My uncle and aunt are peach farmers and they send me peaches every year.

Chun : I want to have some. How do you eat them?

Yuki : It's good to eat them as they are, but I'll show you how to make my aunt's homemade dessert. She often cooks it for me.

Chun : Homemade dessert? I love sweets. Let's start.

Yuki : First, you peel the peaches and cut them into small pieces. Next, you put them into a pot and boil them over a low heat.

Chun : What a nice smell! And then...?

Yuki : You put in a little honey and a squeeze of lemon. After that, you put them into a plastic container. Finally, you put them in the freezer.

Chun ： It's a wonderful dessert for summer.
Thanks.

●●TODAY'S POINT ●●●●●●●●●●●●●●●●●●

～made 「～製の」

homemade（家で作られた）は「自家製の」という意味になり、handmade（手
で作られた）は「手製の、手作りの」という意味になります。他にも、custom-
made「あつらえの、注文仕立ての」、manmade「人の手による、人造の」、
ready-made「＜服などが＞出来合いの、既製の」などの表現があります。

WORDS & PHRASES

peel ～の皮をむく	container 容器
a low heat 弱火	freeze ～を凍らせる
a squeeze of ～ ひとしぼりの～	freezer 冷凍庫

SECTION 2　練習問題

あなたが好きな銘菓とその理由を英語で説明してみよう。

SECTION 3　練習問題

本文の関する次の質問に英語で答えてみよう。

(1) Who did Chun meet on the way to school on Monday?

(2) Why did Yuki have a backache?

(3) What kind of peaches does her uncle have?

(4) Why does he cover the peaches?

(5) Did Chun want to have some Hakuto?

SECTION 4　練習問題

次の質問に英語で答えてみよう。

(1) Do you like peaches?

(2) What fruit do you like?

(3) What is the local fruit of your town?

Jeans Town Kojima

ジーンズがつるされた児島ジーンズストリート

Ichiro, Yuki, and Emily arrived at Kojima Jeans Street.

Ichiro : This is Kojima Jeans Street. Kojima is famous for its textile industries. It has been producing uniforms for many years. Kojima is known for producing jeans too. Every spring, the Fabric

Town Kojima Festival is held. At this festival, we can buy many kinds of clothes.

Emily : Oh, I'm so excited. I love jeans. I usually wear jeans on my days off. Let's have a look around.

Yuki : That's a good idea. Wow! Look at those jeans hanging on the line. Hey, look at the lady!

Emily : Which lady?

Yuki : There's a lady wearing a kimono in front of that jeans shop.

Emily : Oh, really? Oh, yes. I can see her. Is it a kimono? But it's made of denim, isn't it? I'm confused.

Ichiro : Nowadays, you can find kimono made of denim.

Emily : Oh, really? That's cool!

Ichiro : You know that denim is a very strong fabric. It can be used for many things.

Yuki : Sounds interesting.

●● TODAY'S POINT ●●●●●●●●●●●●●●●●●●●●●

Excited or Exciting?

「ワクワクする」のように人が興奮するとき、本文にあるように I'm excited. と言います。I'm exciting. とは言いません。exciting は、何かが人を興奮させるような時に使います。「ワクワクするゲーム」は exciting game と言い、excited game とは言いません。

I am interested in this book.　　この本に興味があります。

This is an interesting book.　　これは興味深い本です。

I was surprised at the news.　　そのニュースに驚きました。

It was surprising news.　　それは驚きのニュースでした。

●●●●●●●●●●●●●●●●●●●●●●●●●●●●●●●●●●●●●

WORDS & PHRASES

textile industries　繊維産業
せん い

on my days off　休日に

have a look around　見て回る

Okayama-ben

Tom, Kenta and Ichiro are talking about Okayama-ben in the living room.

Tom : I went to Osaka last Sunday. I noticed people in Osaka speak a strange form of Japanese. It's a little different from the language people in Okayama speak.

Kenta : You mean Kansai-ben, right?

Tom : Kansai-ben?

Kenta : There are a lot of types of Japanese spoken around Japan.

Ichiro : Okayama has Okayama-ben, our hometown dialect. For example, *bokkee, deeree* and so on.

Tom ： What do those mean?

Ichiro ： They both mean "very". There are many other expressions to show "very" in other dialects.

Kenta ： Does English have dialects too?

Tom ： Yes, it does. English is spoken in many countries around the world, each with a slightly different form of English, and even within those countries many different dialects are spoken.

Kenta ： Wow!

••●TODAY'S POINT ●●●●●●●●●●●●●●●●

Okayama-ben
岡山県内で話されている方言。備前、備中、備後、美作と、岡山弁のなかでも地方によって異なっている。断定の助動詞の「～だ」のかわりに、語尾に「～じゃ」をつけるのが代表的。

WORDS & PHRASES

be different from ～　～と異なっている	spoken around Japan　日本中で話されている
and so on　～など	other expressions　他の表現

Let's Eat Hiruzen Fried Noodles

おいしそうなひるぜん焼そば

It's lunch time on Sunday. Chun and Yuki are in the kitchen.

Chun : Oh, I'm really hungry. I'm starving.

Yuki : Wait a minute, Chun. Today we'll cook Hiruzen fried noodles, a famous local dish of Okayama Prefecture.

Chun : Local dish of Okayama? What's that?

Yuki : It's a cheap dish that tastes good. There are a lot of local dishes in Okayama. It's not so expensive, so you can eat it any time!

Chun : I'm glad to hear that. I can't wait any more. Let's cook... what?

Yuki : Hiruzen fried noodles. I'll show you how to cook it. First, you cut the chicken and cabbage into small pieces. Put a little oil in the frying pan and fry the meat. Next, add the cabbage and fry until it softens.

Chun : It smells good. I like chicken better than beef and pork.

Yuki : That's nice. Next, you stir the noodles into the mixture. When everything is mixed together, you add the special sauce made with *miso*.

Chun : I got it. I can cook it even in my country. So... *"Itadakimasu!"*

●●TODAY'S POINT ●●●●●●●●●●●●●●●●●●●●

単語の使い分け

fryには、「油で揚げる」以外にも「焼く」「炒める」という意味があります。「（パンをこんがり）焼く」はtoast、「（肉などをオーブンで）焼く」はroast、「（パンや魚をオーブンで）焼く」はbakeを使います。

●●●●●●●●●●●●●●●●●●●●●●●●●●●●●●●●●

WORDS & PHRASES

I'm starving	お腹ペコペコだ	stir	かき混ぜる
fry	油で炒める	mixture	混ぜたもの
soften	柔らかくなる		

Bizen Ware

備前焼伝統産業会館の2階には備前焼がずらりと並び、展示即売されている

Ichiro, Tom and Kenta arrived at Imbe Station in Bizen City by train.

Ichiro : Here we are. The Imbe area is known for the production of Bizen ware or Bizenyaki.

Tom : I have looked forward to coming to Bizen.

I'm very excited. I want to buy Bizen ware as a souvenir today.

Ichiro : I'm thinking of buying a pair of cups.

Kenta : You like Bizen ware very much, Dad. Please do not buy expensive ones.

Tom : We can buy Bizen ware at the Bizen Ware Traditional Industrial Hall on the second floor of the station building. I've checked it!

Ichiro : We should go to the hall before taking the return train, but first, let's go to the Bizen Pottery Museum just across the street to know more about Bizen ware.

In the museum

Tom : I'm surprised. Bizen is one of the Six Ancient Kilns. They were designated as Japan Heritage sites in 2017.

Ichiro : Five Bizen potters have been designated

as living national treasures or *ningenkokuho*.

Kenta : That's great.

Tom : I'd like to try making Bizen ware somewhere later.

At the hall

Kenta : I learned that Bizen ware doesn't break if people throw it. I wonder if it's true.

Ichiro : Don't throw or drop Bizen ware even if it is strong.

Tom : Oh, I like this one. I'll take this as a souvenir.

●●●TODAY'S POINT●●●●●●●●●●●●●●●●●●●●●●●

Six Ancient Kilns（日本六古窯）

日本六古窯は、中世から現在まで生産が続く代表的な六つの陶磁器窯（越前・瀬戸・
常滑・信楽・丹波・備前）の総称です。2017年に日本遺産に認定されています。

●●

WORDS & PHRASES

Bizen ware　備前焼

production　生産

souvenir　思い出の品

traditional　伝統的な

industurial　産業の

pottery　陶器

ancient　古来の

kiln　窯

designate　認定する

Japan Heritage Sites　日本遺産

potter　陶芸家

99

The Land of Astronomical Observation, Okayama

岡山天文博物館のある竹林寺山には国立天文台と京都大学岡山天文台があり、天文王国岡山のメッカとなっている

Ichiro took Tom and Kenta to the Okayama Astronomical Museum in Asakuchi City.

Tom : Wow, we can see two big astronomical observatories from here.

Ichiro : Yes. One is the National Astronomical Observatory of Japan, and the other is the Okayama Observatory Graduate School of Science Kyoto University.

Tom   :   I didn't know astronomical observation is so popular in Okayama. Why is that?

Kenta :   I don't know why, but let's enter the museum now. We will know the reason soon.

In the museum

Tom   :   I'm surprised to know this place was chosen as the National Astronomical Observatory and opened in 1960.

Kenta :   I'm surprised because this museum is also 60 years old.

Ichiro :   By the way, did you find out why this place was chosen to observe the stars?

Tom   :   Sure. It is because Okayama has many fine days throughout the year.

Ichiro :   Yes, that's the reason. Okayama is called "The Land of Sunshine" or *harenokuni*.

Tom   :   I hear that people can watch a lot of stars in Bisei Town too. Is that true?

Ichiro : Right. People in Ibara City are careful about light pollution.

Tom : Oh, great! Okayama can be called "The Land of Astronomical Observation".

Kenta : I see, I see. Now, it's time for the planetarium. Let's go!

●● TODAY'S POINT ●●●●●●●●●●●●●●●●●●

Okayama Astronomical Museum（岡山天文博物館）
1960 年の開館以来、大望遠鏡の研究成果の展示を行い、プラネタリウムや太陽望遠鏡を備え、誰でも楽しむことができる天文教育普及の場となっています。

National Astronomical Observatory of Japan（国立天文台）
1960 年に開所し、国内最大級の 188cm の反射望遠鏡をはじめ複数の望遠鏡を備え、現在も観測や研究が行われています。

Okayama Observatory Graduate School of Science Kyoto University（京都大学岡山天文台）
2018 年に開所した、アジア最大級の口径 3.8 メートル反射鏡を備えたせいめい望遠鏡を有する天文台で、世界中から注目を集めています。

WORDS & PHRASES

astronomical observation	天体観測	be chosen as ～	～として選ばれる
astronomical observatory	天文台	light pollution	光害

SECTION 1　練習問題

本文を読んで、次の質問に英語で答えてみよう。

(1) Have you ever seen the Fabric Town Kojima Festival?
(2) Why was Emily excited?
(3) Can you name the products made of denim?
(4) What is Okayama famous for?

SECTION 2　練習問題

1. 次の英語は岡山弁ではどうなりますか。考えてみましょう。

(1) a lot of
(2) I am tired.
(3) Where are you going?
(4) It's not good.
(5) I'm really scared.
(6) What are you doing?

2. アメリカ英語とイギリス英語では、同じものを示すのに使用する単語が
　　異なることがあります。例を挙げてみましょう。

SECTION 3　練習問題

次の質問に英語で答えてみよう。

(1) Do you like fried noodles?
(2) Can you cook fried noodles?
(3) What is the local dish of your town?

SECTION 4 練習問題

日本の伝統や文化に関する英語を日本語に訳してみましょう。

(1) tea ceremony
(2) (the Japanese art of) flower arrangement
(3) lacquerware
(4) the twelve signs of the oriental Zodiac
(5) the Seven Dieties of Good Fortune
(6) personal seal

SECTION 5 練習問題

1. 星の名前を調べて英語で言ってみよう。

(1) 北極星
(2) 北斗七星
(3) 南十字星

2. 自分の星座について英語で答えてみよう。

What's your horoscope sign?（あなたの星座は何ですか?）
I'm a 〜.（私の星座は〜です）

Hina-matsuri, Girls' Festival

豪華な段飾りが並ぶ倉敷市美観地区の旧大原家別邸・新渓園＝ 2019 年

It's March 3rd, Hina-matsuri Day. Chun is visiting Yuki's house.

Chun　:　Hello, Yuki.

Yuki　:　Welcome! Please come on in.

Chun　:　Thanks. Look, there are beautiful dolls. Are they *hina* dolls?

Yuki　:　Yes. They are the Emperor and Empress.

They are mine, but my mother's dolls are more gorgeous and on a seven-tiered stand.

Chun : I know about it because I saw a picture of beautiful *hina* dolls in the newspaper. Many sets of dolls are displayed to the public in many places throughout Okayama Prefecture.

Yuki : Why don't we go to Bikan-chiku in Kurashiki this weekend?

Chun : How nice!

Kenta : *Tadaima!*

Yuki : *Okaerinasai.*

Chun : Hi, Kenta, welcome home!

Kenta : Hi, girls. I see yummy-looking food on the table, *chirashi-zushi, ushio-jiru, shiro-zake, hishi-mochi,* and *hina-arare*. I can't wait to eat!

Yoko : Just a moment. Today is girls' festival. Don't forget "girls first".

Kenta : OK. Ladies, after you!

⚫⚫ TODAY'S POINT ⚫⚫⚫⚫⚫⚫⚫⚫⚫⚫⚫⚫⚫⚫⚫⚫⚫⚫⚫

After you!

欧米では、女性を優先して丁寧に扱う文化 "ladies first（レディーファースト）" が
あります。例えばドアを通る時、"After you!（お先にどうぞ）" とドアを開けて女性
を先に通します。女性・男性に関わらず、譲り合う心は日本人も大切にしています。
"After you!" の達人になりたいですね。

⚫⚫⚫⚫⚫⚫⚫⚫⚫⚫⚫⚫⚫⚫⚫⚫⚫⚫⚫⚫⚫⚫⚫⚫⚫⚫⚫⚫⚫⚫⚫⚫⚫⚫⚫

WORDS & PHRASES

gorgeous　豪華な
the Emperor and Empress　親王飾り（お内裏さまとおひなさま）
display to the public　一般公開する
throughout 〜　〜の至るところで
yummy-looking　おいしそうな

What does this Kanji Mean?

「烏城」と呼ばれる岡山城の天守閣

Kenta and Tom are talking about *kanji*.

Tom : I have lived in Okayama for about five months. Now I've started studying *kanji*. Which kanji character symbolizes Okayama well?

Kenta : Well, how about this? It shows a character which is in the story of Momotaro.

(Kenta writes 雉 on the paper.)

Tom : I don't know how to read this.

Kenta : We read this as *kiji*. *Kiji* or pheasant is the symbolic bird of Okayama Prefecture. You know, there is a very famous soccer team named Fagiano Okayama, right?

Tom : Oh, yeah!

Kenta : Fagiano means a pheasant in Italian. So their uniforms use an emblem which shows a pheasant.

Tom : Wow, how wonderful!

Kenta : Let me see, how about this? We read it as *karasu*. *Karasu* means a crow.
(Kenta writes 烏 on the paper.)
Okayama Castle is sometimes called Crow Castle or Ujo because the color is black. Speaking of that, Samurai Blue's (Japan's National Football Team) uniforms use an emblem which shows a crow.

Tom : Really? Kanji is very deep!

●●TODAY'S POINT ●●●●●●●●●●●●●●●●●●●●

Fagiano Okayama

「ファジアーノ岡山」はJ2所属のプロサッカーチームです。名前のファジアーノは岡山県の県の鳥である「キジ(雉)」を意味するイタリア語 fagiano に由来します。チームマスコットはキジをイメージしたファジ丸。ちなみに、岡山県の花は「モモ(peach blossom)」、木は「アカマツ(Japanese red pine)」です。

●●

WORDS & PHRASES

pheasant　キジ
speaking of that　そういえば
crow　カラス

At the Beginning of the New School Year

桜並木を抜けて登校する高校生たち＝倉敷市

Emily is visiting the Suzuki family. Emily, Yuki, and Ichiro are talking in the living room.

Ichiro : It's April. You are a junior high school student now. How do you feel?

Yuki : I saw elementary school students with a *randoseru* on their back the other day. I had a nostalgic feeling.

Emily : I understand. You were an elementary school student until just a few weeks ago. By the way, what's a *randoseru*?

Yuki : Isn't it English?

Emily : No, it isn't.

Ichiro : It is said to come from the Dutch word 'ransel'. In English it is a satchel or a school bag.

Yuki : Huh, I didn't know that. Anyway, I will work hard at school with a fresh mind. I get lots of energy in spring when the cherry blossoms bloom beautifully. When does the school year begin in Australia?

Emily : We start the school year at the end of January or at the beginning of February. That is summer in Australia because it is in the southern hemisphere.

Yuki : Wow, that's interesting. The time for the new school year is different from country to country.

Ichiro ： I believe a lot of countries in the northern hemisphere begin the new school year in September. That means they start a new school life after a long summer vacation. Korea, our neighboring country, starts the school year in March.

Yuki ： I see. You really know a lot. You are very intelligent.

RANDOSERU?

••● TODAY'S POINT ●●●●●●●●●●●●●●●●●●●●●●●

新学期のスタート

日本では新学期は4月に始まりますが、ほかの国ではどうでしょうか。アメリカやイギリス、中国など北半球の多くの国では9月ごろに新学期が始まるようです。南半球に位置するオーストラリアやニュージーランドでは1月末か、あるいは2月初めに新学期がスタートするようです。

WORDS & PHRASES

the other day　この前

nostalgic　懐かしい

be said to ～　～だと言われている

with a fresh mind　新鮮な気持ちで

northern（southern）hemisphere　北（南）半球

主な国の新学年のスタート月	
アメリカ	9月（一部の都市で8月）
アルゼンチン	2月、または3月
イギリス	おおむね9月
イタリア	9月
インド	6月
オーストラリア	1月、または2月
カナダ	9月
韓国	3月
ケニア	1月
スコットランド	8月
タイ	5月
台湾	9月
中国	9月
チリ	3月
ドイツ	8月、または9月
日本	4月
ニュージーランド	2月
フィリピン	5月、または6月
ブルガリア	9月
ベルギー	9月
ポーランド	9月
マレーシア	1月
メキシコ	8月
ロシア	9月

Eco-friendly Bag

ペットボトルからリサイクルされたエコバック

Emily is visiting the Suzuki family. Emily, Yuki, and Ichiro are talking in the living room.

Emily : I went to a department store in Okayama City last weekend. I have something I want to ask about.

Yuki : What happened?

Emily : A woman bought a pair of socks that

was already in a clear bag. The store clerk wrapped it with a large sheet of beautiful paper and then she put it in another plastic bag!

Yuki : Well, that isn't surprising.

Emily : Why not? Why do they use such a large sheet of beautiful paper and a plastic bag for one item? When the woman gets home, she just throws them away. Excessive service causes excessive garbage.

Ichiro : It is normal for department stores to wrap goods with their own beautiful paper. It is said to come from the Japanese custom of wrapping something with furoshiki.

Yuki : Oh, really? I didn't know that.

Ichiro : In recent years, store clerks don't gift-wrap if they aren't asked to. I guess the person who bought the pair of socks asked for the gift-wrapping service.

Emily　:　I see. Now I remember Japanese people also use eco-friendly bags as we do in Australia. People in Japan can be flexible.

Yuki　:　I have a question. Don't you want your presents to be gift-wrapped?

Emily　:　Well gift-wrapped, of course!

●●TODAY'S POINT ●●●●●●●●●●●●●●●●●●●●●

エコ

エコカー、エコバッグなど、エコということばは日常的に使われています。eco car や eco bag でも通じると思いますが、英語では、eco-friendly car、eco-friendly bagというようにeco-friendly（環境に優しい）ということばを用いるのが一般的です。

●●●●●●●●●●●●●●●●●●●●●●●●●●●●●●●●●●●●●●

WORDS & PHRASES

a pair of 一対の〜
store clerk 店員

excessive service 過剰サービス
gift-wrap 贈り物用の包装をする

SECTION 1 練習問題

3月3日のひな祭りは桃の節句で女の子の日です。5月5日は何の日ですか。英語で説明してみましょう。

SECTION 2 練習問題

漢字の意味を英語で説明してみましょう。例えば、あなたの名前を英語で説明してみてください。

SECTION 3 練習問題

本文に出てくるランドセルのように、カタカナ語は英語として通じると思われがちです。次のカタカナ語は英語では何と言えばいいか考えてみよう。

(1) アルバイト
(2) コンセント
(3) サラリーマン
(4) シャープペンシル
(5) ホッチキス
(6) フロント

SECTION 4 練習問題

環境に関する単語に慣れておきましょう。次の英語を日本語に訳してみよう。

(1) environmental problem

(2) air pollution

(3) global warming

(4) acid rain

(5) the ozone layer

(6) ultraviolet rays

Naked Man Festival (Hadakamatsuri)

投下された宝木をつかもうと手を伸ばす男たち＝西大寺観音院

Ichiro : Tom, have you ever heard of the Naked Man Festival?

Tom : What? Naked Man Festival? Are you serious?

Ichiro : Yes. I don't mean participants are completely naked. They wear Japanese loincloths called *mawashi*.

Tom : OK. What do they do at the festival?

Ichiro : They fight over getting holy sticks called *shingi*. Any person who gets one is called a man of luck, *fukuotoko*, and gets a prize.

Tom : When is it held? It should be in summer.

Ichiro : No. On the contrary, it is held at the coldest time of the year.

Tom : You are kidding!

Ichiro : No, I am not. Actually, it is held on the third Saturday night in February.

Tom : Participants must be freezing.

Ichiro : At first yes, but later the place becomes very crowded so they can keep warm.

Tom : How many people usually participate in the festival?

Ichiro : Several thousand people.

Tom : It is amazing. Where is it held?

Ichiro : It is held at Saidaiji Kannonin Temple in Okayama City. I go to see the festival every year. There are many foreigners

who participate in the festival. Are you
interested in being in the festival, Tom?

Tom　：　Well, maybe next year. I will go and
see the festival this year.

●●TODAY'S POINT ●●●●●●●●●●●●●●●●●●●

Naked Man Festival

裸祭り（西大寺会陽）　岡山市東区西大寺にある西大寺観音院で2月の第3土曜
日の夜に開かれます。日本三大奇祭の一つにも数えられ、全国的に有名です。観
音院の本堂の御福窓から住職によって宝木が投下され、それを取った男は福男と
呼ばれます。

●●

WORDS & PHRASES

Japanese loincloths　まわし　　　　　a man of luck　福男
holy stick　宝木　　　　　　　　　　You are kidding!　冗談ですよね

The Okayama Sakura Carnival

大勢の花見客で埋め尽くされた「岡山さくらカーニバル」会場

Tom and Kenta are at the Okayama Sakura Carnival.

Tom ： Look at all the people there! There are so many, and the cherry blossoms are so pretty.

Kenta ： This is one of the biggest festivals in Okayama. It's called the Okayama Sakura Carnival.

Tom : It sounds like a festival held in Washington D.C. It's called the National Cherry Blossom Festival.

Kenta : Oh. Is there any difference?

Tom : Well, it's not like here in Japan. Not everyone has a picnic. I was so surprised that people were drinking alcoholic drinks outside. It is usually banned in the U.S.

Kenta : Really? So, will my dad get into trouble with the police just for drinking beer under blooming trees?

Tom : Ha-ha, yeah, maybe. Hey, I'm starving. Let's go get some food and drinks. The blossoms are beautiful, but in America we say "Bread is better than the songs of birds".

Kenta : That's interesting. We have a similar expression in Japanese which goes *"Hana yori dango"*.

Tom : I've heard it before. Does it mean "Dumplings rather than flowers"?

Kenta ： Yes, it does. Maybe it will be interesting to check later whether we have other similar proverbs.

Tom ： It will be, but food is first!

•• TODAY'S POINT ••••••••••••••••••••••••

Bread is better than the songs of birds.

日本の「花より団子」に相当することわざと考えられています。景色を眺めたり、絵を鑑賞したりしてその味わいを楽しむより、実際に自分の利益となるものの方がよいということを例えています。

WORDS & PHRASES

beverage　飲み物

be banned　禁止されている

get into trouble with 〜　〜と問題を起こす

I'm starving　お腹がペコペコです

similar expression　よく似た表現。類似表現

dumpling　団子

whether 〜　〜かどうか

proverb　ことわざ

Summer Volunteer Activity

お年寄りに踊りを披露するダンスチーム。老人ホームでのボランティア活動です

Chun and Yuki visit a nursing home with Yoko as a summer volunteer activity.

Chun : Wow! Those elderly people look happy.

Yuki : That lady is waving her hands.

Yoko : Yes. A dancing team is showing its dance for them.

Yuki : Look! That girl is my best friend. She

likes dancing.

Chun : She must be a good dancer.

Yuki : Yes. They are practicing for the Okayama Momotaro Festival too.

Yoko : Chun, you can see the dance again at the festival next week. It is called Uraja. The Uraja dance gives energy to the audience.

Yuki : I'd like to see the Uraja dance and fireworks. Do you have any plan for the summer vacation?

Chun : Yes. My father will take us to Hiruzen Heights. We can enjoy cycling, camping and so on. I'm looking forward to doing them.

Yuki : I have too many things I want to do, mom.

Yoko : That sounds good, but don't forget your homework.

TODAY'S POINT

単数形? 複数形?

単数形か複数形というのは日本人にとっては難しい問題です。例えば、本文に出てくる fireworks は複数形で homework は単数形です。work は「作品」という意味では数えられますが、「仕事」という意味では数えられないからです。名詞が出てきたらいつも数えられるかどうかを意識するようにしましょう。

WORDS & PHRASES

nursing home　老人ホーム
volunteer activity　ボランティア活動
energy　元気、活力、エネルギー（発音はエナジー）
fireworks　　花火
summer vacation　夏休み

The Uraja Dance

「温羅化粧」をしたうらじゃ踊りの踊り手たち＝ 2013 年

It's August 2nd. Yuki, Chun, Ichiro and Tom are in Okayama Station. They are talking about the Okayama Momotaro Festival.

Chun　：　It's hot today. Wow! There are a lot of people on the streets.

Tom　：　What are they doing?

Ichiro	:	They are preparing for the Uraja dance as volunteer staff members.
Tom	:	What is the Uraja dance?
Yuki	:	It's a rhythmical dance.
Ichiro	:	Each group makes their original choreography. About 150 groups will join this year.
Chun	:	I see. There are many dancers painting their faces too.
Tom	:	It's strange and a little bit scary.
Ichiro	:	It's called Ura-geshou, the Uraja style of make up. The design comes from features of the ogre named Ura.
Tom	:	Cool! Is there any prize for the best performing group?
Ichiro	:	Yes, there is. Anyway, let's enjoy dancing.
Chun	:	Can we join the dance today?
Yuki	:	Yes, of course. Let's go and dance together.
Tom	:	Wait! I don't like dancing very much. I'll just watch your dance. I want to

join the festival as a volunteer staff member next year.

TODAY'S POINT

Dance and Festival

うらじゃ踊りは、約800人のボランティアスタッフに支えられています。当日参加型の踊り連「うらじゃ魂」が好評で、中学生からシニア、外国人の方まで幅広く踊りを楽しめます。世界にもいろいろなお祭りがあり、FIFAワールドカップが開催されたブラジルは、南米最大のお祭り「リオのカーニバル」で有名です。町中が、きらびやかに飾られたフロート車、華やかなコスチュームの踊り手、多くの観光客であふれます。サッカーの試合も、海外のお祭りも興味深いですね。

WORDS & PHRASES

prepare for ～	～を準備する	come from ～	～に由来する
choreography	振り付け	prize	賞、賞品
strange	奇妙な	feature	容姿
scary	怖い	perform	演じる

SECTION 1 練習問題

1. 本文に関する次の質問に英語で答えましょう。

(1) When and where is the festival held?
(2) What do the naked men wear in the festival?
(3) What do they fight for?
(4) How many people usually participate in the festival?
(5) Is Tom going to participate in the festival this year?

2. Explain other festivals in English, for example the summer festival in your area.

SECTION 2 練習問題

本文中でトムが日本のお祭りを見て驚いたのはなぜですか。日本語で答えてみましょう。

SECTION 3 練習問題

次の質問に英語で答えてみよう。

Have you ever done any volunteer work?

SECTION 4 練習問題

祭りで見かける次の事柄を英語に訳してみよう。

(1) お面　　(2) かき氷　　(3) 金魚すくい　　(4) 射的
(5) 神輿（みこし）　　(6) 綿菓子

A Global Company in Okayama 1

直径約 8.5 メートルのコンテナ船用のプロペラ＝ナカシマプロペラ（株）提供

Yuki, Chun, and Yuto are talking in the classroom during a recess in the morning.

Chun : What do you want to be in the future Yuki?

Yuki : I want to be an elementary school teacher, because I like children. How about you Chun?

Chun : I would like to be a doctor. I hope to work for children and people in Vietnam. How about you Yuto?

Yuto : I don't know yet, but I hope I can work in an international company.

Yuki : Then you have to study English very hard.

Chun : You should study and work abroad.

Yuto : I don't want to leave Okayama though. I want to stay close to my family.

Yuki : Hmm. That makes it difficult. There are no global companies in Okayama.

Chun : That's not true. Don't you know about Nakashima Propeller?

Yuto : I think I've heard of it. Do they make propellers for airplanes?

Chun : No. They make ship propellers. The biggest ones are 11 meters wide in diameter! Thirty percent of the world's ship propellers are made by Nakashima Propeller.

●●● TODAY'S POINT ●●●●●●●●●●●●●●●●●●●●●

大きさを表す表現

英語で「幅がある」、「長さがある」、「深さがある」、あるいは「高さがある」など
と言うときは、数値+単位+ wide, long, deep, high で表現します。

This rope is five meters long. このロープは5メートルの長さがある。

The pond is nine feet deep. その池は9フィートの深さである。

He is seven feet tall. 彼の身長は7フィートある。

WORDS & PHRASES

close to ～ ～の近くに

global company 世界的な企業

Global Company in Okayama 2

プロペラの仕上げは職人の匠の技＝ナカシマプロペラ（株）提供

Yuki, Chun, and Yuto are talking in the classroom during a recess in the morning.

Yuki　：　Why do you know so much about Nakashima Propeller?

Chun　：　Because they have a big factory near my house in Vietnam. Its administrative headquarters is in Okayama City and

they have big factories in Tamashima, Kurashiki and in Vietnam.

Yuki : Wow! I didn't know there was such a global company right here in Okayama.

Chun : It is said that craftsmanship and digital technology are integrated in all processes including design, casting, machining, and finishing. Nakashima takes pride in its manufacturing using those precision skills to the fullest extent. Can you believe the blades are hand-polished?

Yuto : Amazing! That's the Japanese spirit in

making things.

Yuki　：　Now I understand there is a global company
in Okayama.

●●・TODAY'S POINT ●●●●●●●●●●●●●●●●●●●●●●

「分かる」は know と understand のどちら?

今までの経験で何らかの知識を持って理解していることを伝える場合は know を
使います。いろいろ話をして、ある瞬間に理解した、知識を得た、という場合は
understand を使います。

"Does anyone know the capital of France?" "I know."
「フランスの首都が分かる人いますか」「知っています」
I understand what you mean now.
「今あなたが何を言いたいのか分かったわ」

WORDS & PHRASES

craftsmanship and digital technology　職人技とデジタル技術
be integrated in　融合されている
to the fullest extent　最大限に
hand-polished　手で磨かれている
Japanese spirit　日本人魂

UNESCO World Conference on ESD in Okayama

岡山市域のESD活動のシンボルマーク

Yuto and Tom are having a conversation after school.

Yuto　：　Do you know what EDS means?

Tom　：　No, I've never heard of it.

Yuto　：　It's an idea that people should be kind to the environment.

Tom　：　Hmm, that rings a bell. Oh, you mean ESD not EDS. It stands for Education for Sustainable Development. Why did you get interested in it?

Yuto : My homeroom teacher mentioned it this morning and everybody seemed to know about it except me. Why are you grinning?

Tom : Because ESD is something for me. The phrase has been used around the world since the 1980s. The heart of the idea is that we should not think of preservation and development as two conflicting ideas.

Yuto : That's difficult to understand.

Tom : Yes. You know what will happen in the future if we continue using our natural resources at this rate. Maybe it's impossible to avoid all the conflict between preservation and development. However, we should think about it and make them more compatible.

Yuto : That's why it's called "education".

Tom : Exactly! People involved in the scheme came to Japan for the UNESCO World Conference on ESD in Okayama in 2014.

I think education will be the main engine
to launch the project to make a better world.

Yuto　：　Great. I have to learn more.

●●TODAY'S POINT●●●●●●●●●●●●●●●●●●●●●●●●

Ring a bell

日本語ではつながりに気づいていない、またはつながらないと思っていた物事が突然つながって「あっ」という感情が湧くことを、「ピンとくる」と言いますね。英語ではそれを「ring a bell（ベルが鳴る）」と言います。ちょっとおかしいと思うかもしれませんが、英語ではそう表現します。「あっ!ベルが鳴った（ピンときた）」と、笑いと一緒に飲み込んで覚えてしまいましょう。

●●

WORDS & PHRASES

UNESCO　ユネスコ（国際連合教育科学文化機関）

the heart of ～　～の中心　　　　　　　scheme　計画

think of A as B　AをBだと思う（考える）　compatible　両立する

be involved in ～　～と関係する　　　　launch　打ち上げる・発射する、始める

Future Goals

吉備高原医療リハビリテーションセンター＝岡山県吉備中央町吉川

Ichiro drives to Kibi Plateau with Yuki, Yuto and Tom. They talk about their goals for the future.

Tom : Oh, what a beautiful place!

Ichiro : This is Kibi Plateau. It's in the middle of Okayama Prefecture.

Tom : What's that building?

Yuto : That is the Kibikogen Rehabilitation Center.

Yuki : Why do you know it?

Yuto : Because I'm very interested in medical facilities in Okayama. Medical problems are important issues in an aging society.

Tom : That's true, so do you want to be a doctor in the future?

Yuto : I don't know yet, but I hope to work to solve social or international problems.

Tom : Great! That's a good goal.

Yuki : What brought you here to Okayama, Tom?

Tom : Well, I hope to be a professor of Japanese. This time I came to Japan as an assistant language teacher. I'll learn more about Japanese language and culture. I would like to help students understand English and American culture, too. I want to be cosmopolitan.

Yuto　：　What is necessary to be cosmopolitan?

Tom　：　I think a person needs to be open-minded about his or her own country and other countries.

Yuki　：　I see. I'll study foreign languages more and understand other lifestyles and ways of thinking. In the future I would like to contribute to world peace.

●●TODAY'S POINT ●●●●●●●●●●●●●●●●●●●

Goals for the future

「夢」とは「将来実現させたいと思っている事柄」のことです。「夢」に関する英語の名言を一つ紹介します。具体的な夢を持ち、それが実現するように努力を続けていきましょう。

"If you can dream it, you can do it." -Walt Disney-

「夢を描くことができれば、それは達成できる」　　ウォルト・ディズニー

WORDS & PHRASES

Kibi Plateau 吉備高原	aging society 高齢化社会	open-minded 心の広い
medical facility 医療施設	professor 教授	contribute 貢献する
medical problem 医療問題	cosmopolitan 国際人	

At Tom's Farewell Party

米国で有数の規模を誇るボストン美術館＝ボストン市

Tom is going back home to Boston in America. The Suzuki family is having a farewell party for him at their house.

Tom　：　Thank you very much for everything you've done for me.

Kenta　：　I'm the one who should be thanking you. You told me a lot about the Commonwealth of Massachusetts and its capital, the City of Boston. Your stories have always been interesting to me.

Tom : I have learned a lot about Okayama from you. I had a very good time here.

Ichiro : I'm glad to hear that. I've tried to convey Okayama's good points.

Yuki : Tom and dad, you are great because you can talk a lot about where you live. I want to be like you.

Tom : I like to teach American culture and English. I always think that "Teaching is learning".

Ichiro : There is a common saying that "There is no royal road to learning". It means learning anything needs a lot of work and effort. You should learn a lot so that you can convey your knowledge about Okayama in English to the rest of the world.

Tom : Yuki and Kenta, you can do it! It is

hard to say goodbye to you, but I have
to go now. See you again.

Kenta : It's goodbye until we meet again.

Yuki : I will miss you. Please keep in touch.

●●TODAY'S POINT●●●●●●●●●●●●●●●●●●●●

State or Commonwealth

アメリカ合衆国を構成する 50 の州のうち、Kentucky（ケンタッキー）、
Massachusetts（マサチューセッツ）、Pennsylvania（ペンシルベニア）、Virginia
（バージニア）の4州では State の代わりに commonwealth を用います。ちなみ
にカナダでは州は province です。

●●●

WORDS & PHRASES

convey　伝える、運ぶ

common saying　ことわざ

knowledge　知っていること、知識

the rest of ～　残りの～、他の～

keep in touch　連絡を取り合う

148

SECTION 1　練習問題

大きさを表す方法を練習しましょう。次の日本語を英語に訳してみましょう。

(1) 岡山県で一番長い川は旭川です。142 キロメートルあります。
(2) 岡山県で一番高い山は後山です。後山は 1,344 メートルの高さです。

SECTION 2　練習問題

岡山にある世界的な企業について調べてみよう。

SECTION 3　練習問題

本文に出てくる ESD や UNESCO のように複数の単語の頭文字をつなげて作られた語を頭字語といいます。ちなみに UNESCO（国際連合教育科学文化機関）は、United Nations Educational, Scientific and Cultural Organization の頭文字をつなげたものになります。次の（　　　）に入る語を答えてみましょう。

(1) ATM（現金自動預け払い機）= Automated Teller（　　　）
(2) UFO（未確認飛行物体）= Unidentified（　　　）Object
(3) ASAP（すぐに）= as（　　　）as possible
(4) BTW（ところで）= by the（　　　）
(5) BFN（じゃあまた）=（　　　）for now

(6) FYI（ご参考までに）= for your （　　　　　）

SECTION 4　練習問題

1. 本文に関する次の質問に英語で答えてみよう。

(1) Where is Kibi Plateau?
(2) Does Tom want to be a doctor in the future?
(3) What does Tom hope to be?

2. あなたの将来の夢を英語で書いてみよう

SECTION 5　練習問題

この本を読み終えての感想を英語で書いてみよう。

改訂新版

"Hello" from Okayama

岡山から"ハロー"

元旦

ゆきとチュンが年末最後の授業を終え、さよならの挨拶(あいさつ)をします。

ゆき　　「いい年になりますように」
チュン　「あなたもね！　お正月に会いましょう」
ゆき　　「ええ。さようなら」

チュン、ゆきとゆきの父は初詣に吉備津神社(きびつじんじゃ)を訪れています。

ゆきと一郎「新年おめでとう！」
チュン　「明けましておめでとう！　でも、すごい人出ね！」
ゆき　　「そうよ、みんな新年の幸福と健康を祈ってお参りに来るのよ」
チュン　「あの人たちは何をしているのかしら。手をたたいているわ」
一郎　　「あれは日本式の拝み方なんだよ。"2礼、2拍手、1礼"というんだ。
　　　　　このようにするんだよ」
チュン　「分かった！　じゃ私もやってみるわ。『ローマにいるときはローマ
　　　　　人のするようにしなさい（郷に入っては郷に従え）』と言うもんね」

岡山へようこそ

トムは岡山市のＡＬＴ（外国語指導助手）として働くために岡山空港に到着しました。一郎がゆきと一緒にトムを迎えに来ています。

一郎 「ちょっと、すみません。グリーンさんではないですか」

トム 「はい、私はトムです。鈴木さんですか」

一郎 「はい。こんにちは、トム。お会いできてうれしいよ。飛行機の乗り具合はどうだった」

トム 「よかったですが、ボストンから岡山まではとても長かったです」

一郎 「どのくらいかかったのかな」

トム 「16 時間半かかりましたよ」

一郎 「時差はどのくらい？」

トム 「ボストンは日本より 14 時間遅れています。岡山は今何時ですか」

一郎 「午後 7 時だよ」

トム 「おや、私の時計はまだボストン時間です。今日の午前 5 時になっています」

一郎 「きっと疲れたことだろうね。時差ぼけは大丈夫かな」

トム 「大丈夫です。飛行機の中でぐっすり寝ました」

一郎 「それはよかった。こちらは私の娘のゆきだよ」

ゆき 「こんにちは、お会いできてうれしいです」

トム 「こちらこそ、よろしくね」

ゆき 「岡山へようこそ！」

トム 「ここにいることを大変うれしく思うよ。ありがとう」

一郎 「さあ、わが家に行こう。妻の洋子が夕食の準備をしているよ」

トム 「それは、すばらしい。実は、お腹が空いちゃって」

岡山市

トムと一郎、健太が居間で岡山について話しています。

健太 「トムさんが岡山に来てから 1 カ月がたちましたね。岡山について
どう思いますか」

トム 「岡山は大好きだよ。静かで、清潔で、自然が身近にあるんだね。
それに美術館や音楽ホールや映画館もそろっていて、文化的な都市
だよね」

健太 「町の中心が平らなことを知っていましたか。どこへでも自転車で
行けるんですよ。岡山城や後楽園あたりはとても眺めがいいし、自
転車で簡単に行けますよ」

トム 「なるほど。じゃあ、私も自転車で回ってみたいなあ」

一郎 「だったら、健太と今週末に行ってみたらどうだい。"ももちゃり"
を使ってみるといいよ。とても便利で、町中のどの"ももちゃり"
サイクルポートでも借りたり返したりすることができるんだ」

トム 「それはいいですね。健太、土曜日に一緒に出かけようよ」

健太 「いいですよ」

後楽園にて

トムと健太はももちゃりで岡山駅から後楽園に行きました。

健太 「ここが、後楽園_{こうらくえん}です。向こうには岡山城も見えますよ」

トム 「わあ、とてもきれいで広いんだね」

健太 「ええ。後楽園_{こうらくえん}は日本三名園の一つなんですよ。もうあと二つは金沢市の兼六園_{けんろくえん}と水戸市の偕楽園_{かいらくえん}です」

トム 「へえ～、そうなの。庭園の歴史について少し教えてくれないかな」

健太 「300年前、岡山地方の大名である池田綱政_{いけだつなまさ}が14年もかけて造ったんです。彼は、季節ごとに自分自身が楽しむ場所、そしてお客さんを楽しませる場所が必要だったんですね」

トム 「だったら一般の市民は庭園を楽しむことはできなかったの」

健太 「そうなんです。ほんの一部の人だけだったんです。でも今は誰でも、いつでも眺めを楽しんだり散策したりして楽しむことができますよ。また、季節ごとにいろいろな催し物があるんです。桜の季節にまた来ましょう」

トム 「うん、ぜひ来たいね。ところでお腹_{なか}は空いてない？」

健太 「いいえ、とても空いています。あのきれいな梅の花の下でお弁当を食べましょう」

トム 「そりゃあ、いい考えだ。その後、ももちゃりに乗って岡山城へ行きたいな」

健太 「分かりました」

宝福寺と雪舟

一郎は、総社市の両親を訪ねる途中で、ゆき、チュンと一緒に宝福寺に立ち
寄りました。

一郎　　「ここが宝福寺だよ。1232 年、鎌倉時代に建てられたんだ。美しい
　　　　庭があって、四季を通して楽しめるんだよ」

ゆき　　「雪舟は若いとき宝福寺で修行をしたのよね。雪舟についてのお話
　　　　を知ってる？」

チュン　「いいえ。どんな人だったの」

一郎　　「雪舟は 1420 年に総社市赤浜で生まれたんだ。絵を描くことが好き
　　　　で、宝福寺では僧侶の修行をしないで絵ばかり描いていたんだよ。
　　　　和尚さんが怒って、罰として雪舟を柱に縛ったんだ。すると雪舟は
　　　　足の指を使って、涙で床にネズミを描いたんだよ。ネズミの絵を見
　　　　た和尚さんは、雪舟に天性の才能があることを知り、絵を描くこと
　　　　を許したんだ」

ゆき　　「雪舟はまもなく日本で偉大な芸術家になったのよ。これは有名な
　　　　話よね」

チュン　「分かったわ。雪舟はどんな絵を描いたの、水彩画それとも油絵？」

一郎　　「彼は墨で絵を描いたんだよ。彼の絵は水墨画と呼ばれているよ」

チュン　「そうなんだ」

吉備路

一郎は、ゆきとチュンを連れて備中国分寺へ行きました。寺の周辺ではレンゲの花が満開です。

ゆき 「ここが五重塔のある備中国分寺だよ。五重塔は吉備路のシンボルよ。岡山県唯一の五重塔なのよ」

チュン 「吉備路って何なの」

ゆき 「本などによると "古代吉備王国" の中心地域ということね。主に総社市と岡山市北部が吉備路に該当するらしいよ」

一郎 「チュン、お寺の右手に小さな山が見えるかな」

チュン 「はい。あれも古墳ですか」

一郎 「そうだよ。こうもり塚古墳だよ。先日、造山古墳を見たよね。吉備路には遺跡が多いんだ。今では人気の観光名所だね」

チュン 「そうなんですね」

一郎 「チュン、4月29日に備中国分寺の周辺で『吉備路れんげまつり』が行われるよ。その日にはいろいろなイベントがあるんだ。レンゲは総社市の花だからね」

ゆき 「向こうの田んぼにレンゲの花がいっぱいあるわ。近くに行って見てみない」

チュン 「ぜひ、見たいわ」

新倉敷駅にて

一郎は新倉敷駅にエミリーを迎えに行きました。

一郎　　「すみません。もしかしてエミリー・ジョーンズさんですか」

エミリー「ええ。鈴木さんですか」

一郎　　「そうです」

エミリー「初めまして」

一郎　　「倉敷へようこそ」

エミリー「迎えに来ていただいてすみません」

一郎　　「気にしないで。道中は大丈夫だった？」

エミリー「はい。大阪から新幹線に乗って、楽しかったです。初めてなので。超特急に乗るのはわくわくしますね」

一郎　　「それはよかった。すぐ倉敷に向かう？」

エミリー「もう倉敷にいるんじゃないですか」

一郎　　「ええ、倉敷にいますよ。ごめん、私が言ったのは、倉敷の中心部のことで、美観地区という有名な観光地がある場所のことなんだ。アパートにお連れする前に美観地区に寄って行かない？」

エミリー「もちろん。その地区のことは知っています。オーストラリアにいるときに本で読みました。伝統的な家屋や建物がたくさんあるところね。美術館も有名ですよね」

一郎　　「そうだね。じゃあ、まず大原美術館に行って絵を楽しみもうよ」

エミリー「いいですね。絵を見るのが待ち遠しいです」

大原美術館

鈴木夫妻は、休日にトムを倉敷市の美観地区へ観光案内します。

トム　「うわぁ！　きれいな場所ですね。これがこの間話をしてくれたところですか」

一郎　「そうだよ。この辺は美観地区と呼ばれていて、歴史的な建物が立ち並んでいるんだ」

トム　「この場所をとても気に入りました」

洋子　「トム、あそこにある大原美術館へ行ってみましょう」

トム　「そうしましょう」

美術館で

トム　「うわぁ！　ここは美しい絵画でいっぱいですね。これを見てください。なんてきれいなんだろう！　すごく気に入りましたよ」

洋子　「そうですか。これは『睡蓮』という絵よ。世界的に有名なフランスの画家クロード・モネによって描かれたものなのよ」

一郎　「見ての通り、大原美術館は世界中の有名な絵画を所有しているんだよ。この美術館は1930年に倉敷市出身の実業家、大原孫三郎によって開館されたんだよ」

トム　「なるほど」

美術館見学を終えて

トム　「あそこのとてもきれいな花を見てください。あれってスイレンじゃないですか」

洋子　「そうよ。これらのスイレンはモネが実際に描いたスイレンから株分けして植えられたものなのよ」

トム　「そうなんですか。知らなかったです。すごいですね。倉敷市には有名なものがいっぱいありますね。美術館見学、楽しかったです。ありがとうございました」

洋子　「どういたしまして」

一郎　「じゃあお昼ご飯にしようか」

トム　「そうしましょう」

蒜山高原

チュンが雪を見たいというので、一郎は、チュンとゆきを蒜山高原に連れて来ました。

一郎　「さあ、着いたよ。ここが 蒜山高原だ」

チュン　「わぁ、きれいですね。見渡す限りどこも雪で覆われてるわ。ここって本当に岡山県の一部なんですか。岡山市を出発した1時間半前には雪なんてなかったのに」

一郎　「毎年冬、南部ではほとんど雪は降らないけど、北部は雪が多いんだよ。君の国では雪は降らないの」

チュン　「ときどきほんの少し降ることがあります」

ゆき　「とってもお腹が空いてきたわ。もうすぐお昼よ。ひるぜん焼そばを食べるのはどう？」

一郎　「そうだね。せっかくここまで来たのだから、B級グルメのチャンピオン料理をいただこうか」

チュン　「B級グルメって何なの」

ゆき　「B級グルメっていうのは、ご当地のおいしくって安価な料理のことなの。B-1グランプリといってB級グルメの全国大会があるのよ。ひるぜん焼そばは、2011年に全国大会で優勝したのよ」

チュン　「へえ〜、日本一の料理なのね。ぜひ食べてみたいな」

犬島への旅

一郎とゆきとチュンは犬島に出かけます。ゆきとチュンはその歴史と素晴らしい景色に興味を持っています。

一郎 「さあ、犬島に着いたよ！」

ゆき 「岡山市にこんなきれいな島があるなんて知らなかったわ」

チュン 「どうして『犬島』って呼ぶんですか。犬がたくさんいるの？」

一郎 「『犬島』という名前はこの島にある犬石様という犬の形をした大きな岩にちなんでいるそうだよ」

チュン 「なるほど。あっちの大きな建物は何ですか」

一郎 「あれは 1909 年から 1919 年まで銅の精錬所だったんだよ。でも精錬所が閉鎖されてから約 90 年もそのままだったんだ。今は現代美術館としてまた脚光を浴びているよ。犬島精錬所美術館だよ」

チュン 「興味深い話ですね」

ゆき 「その美術館を見に行きましょうよ」

チュン 「いい考えね」

一郎 「ちょっと遠いな。二人で行ってくるかい？」

ゆき 「お父さん、がんばって！　遠くないよ。一緒に行こうよ」

一郎 「分かったよ、行こう」

吉備津神社へ日帰り旅行

ゆきとチュンはゆきの家で日帰り旅行の相談をしています。二人は吉備津神社に行こうと思いつきました。

ゆき 「お父さん、ちょっとお願いがあるんだけど」

一郎 「いいよ。なんだい」

チュン 「私たち、日帰りで吉備津神社に行きたいと思っているの。ここから遠いかなあ？」

一郎 「そんなことはないよ。JR の吉備線に乗って吉備津駅まで 15 分くらいだよ。そこから歩いて 10 分だね」

チュン 「一緒に行きませんか」

一郎 「もちろん。行こう」

吉備津神社にて

チュン 「わーい、なんて長い廊下ときれいなアジサイ園なんでしょう」

一郎 「そうだね。この廊下は 400 メートルくらいあるんだよ。吉備津神社は古い神社でね、本殿と拝殿は国宝なんだよ。たくさんの人がこの神社を見に来るよ」

ゆき 「もっと教えてほしいわ」

一郎 「この神社に関連するある有名な伝説が、世代を超えて伝えられているんだ」

チュン 「どんなものですか」

一郎 「桃太郎の話を知ってるだろう。吉備津彦命と温羅の伝説が桃太郎の話になったかもしれないんだよ」

ゆき 「すごいね。私はそのお話、好きだわ」

チュン 「今日はここに一緒に来てくれてありがとうございます」

一郎 「どういたしまして。私も楽しかったよ」

夢二郷土美術館への訪問

一郎とトム、健太は夢二郷土美術館を訪れています。

健太 「ここでは竹久夢二の絵を楽しむことができます。わあ、僕はこの絵が気に入ったよ」

一郎 「その絵の題は『立田姫』だよ。彼女は秋の豊作の女神だね。説明によると、この絵は夢二の人生での理想の女性のイメージのようだよ」

トム 「着物を着た女性が本当に美しいですね。夢二は美しい日本の女性を描くのが本当に上手だったのですね」

健太 「この絵は大正時代に描かれたものなのかな？」

一郎 「いいや。これは昭和初期、夢二の晩年で最も有名な作品の一つだよ」

健太 「とにかく、すごく昔だよね」

一郎 「そんなに昔のことじゃないよ。お父さんは昭和生まれだからね」

トム 「日本人は何年かを伝える時に日本の年号を使いますね。とても興味深いです。欧米諸国は西暦しか使いません」

美術館のあとで

トム 「先日、一郎さんはゆきと私を瀬戸内市にある夢二の生家に連れて行ってくれました。そこで絵を楽しんだあと茅葺き屋根の古い日本家屋の前で写真を撮りました。また写真を見せてあげるね、健太」

健太 「うらやましいなあ。また僕も夢二が育った家に連れて行ってね、お父さん」

一郎 「もちろん、いいよ」

湯郷温泉

ゆき、チュン、一郎の３人が美作市にある湯郷温泉の足湯につかっています。

チュン　「わあ、足をお湯につけると何て気持ちがいいのでしょう」

ゆき　　「そよ風も心地いいわ」

一郎　　「足湯につかると血行が良くなり、疲労回復にも効果があるんだよ」

チュン　「特に岡山湯郷ベルの白熱したサッカー観戦の後はね」

ゆき　　「その通り。すごく興奮する試合だったわね」

チュン　「美作ラグビー・サッカー場の近くに、こんなすてきな温泉があって最高よね」

一郎　　「そうだね。この温泉は『鷺の湯』とも呼ばれているんだよ」

ゆき　　「どういう意味なの」

一郎　　「ここに来る途中で、お坊さんの像をいくつか見なかったかい」

チュン　「見たわ。なんの像なの？」

一郎　　「円仁法師の像だよ。円仁法師はこの温泉を発見した人だと信じられているんだ。約1200年前の平安時代に、彼は傷を負った１羽の白鷺を見たんだ。その白鷺は温泉につかって傷をいやしていたんだよ。そこで円仁法師は、温泉が体によいことを発見したんだ」

チュン　「いいお話ね」

鈴木家にて 1

一郎　「着いたよ。わが家へようこそ」

トム　「わあ、素敵な家ですね」

洋子　「靴を脱いでスリッパをはいてくださいね」

トム　「家をきれいにしておくのにいい方法ですね」

一郎　「こちらにどうぞ。これが君の部屋だよ。くつろいでね」

トム　「ありがとうございます」

洋子　「"すき焼き"の準備ができてますよ」

トム　「"すき焼き"って何ですか」

洋子　「テーブルの上で料理する日本で人気のある冬の料理よ」

"すき焼き"を食べ終えて

トム　「とてもおいしかったです。食べすぎちゃった」

洋子　「お気に召してうれしいわ」

トム　「ところで、これはきれいな花瓶ですね」

一郎　「これは"備前焼"だよ。地元で作られているんだ。ご希望なら備前にお連れできるよ。自分で作品を作ることができるんだよ」

トム　「おもしろそうですね。ぜひ作りたいです。備前焼は高いですか？」

一郎　「物によりけりかな。最高の技法によって作られた最高の品質の作品になるとより高くなるよ」

トム　「本当に色味がいいですね」

一郎　「うん、備前焼は美しいね」

鈴木家にて 2

鈴木家にしばらくホームステイすることになったトムは、洋子さんに布団の敷き方を教えてもらいます。

洋子　「布団が何か分かるかしら」

トム　「分かりません。何ですか」

洋子　「日本の伝統的な敷物なの。夜寝るときに床に敷くのよ。どうするかお見せしますね」

トム　「ありがとうございます」

洋子　「まず畳の上に敷布団を敷くでしょ。次にシーツ、毛布、掛け布団をかけるのよ」

トム　「分かりました。ところで明日の朝は何時に起きるといいですか」

洋子　「午前8時までにね。明日の朝、曹源寺に行きますよ。300年ほど前に建てられた禅寺なんです。外国人の修行僧がたくさんいるのに驚きますよ」

トム　「おもしろそうですね。禅のことは聞いたことがあります。瞑想するのにいい方法ですよね」

洋子　「そうね」

トム　「午前7時半に目覚まし時計をセットしておきます」

洋子　「ゆっくりお休みくださいね。お休みなさい」

トム　「お休みなさい」

贈り物の包装

洋子と健太はトムと一緒に、トムの両親に贈る日本のお土産(みやげ)を買うために百貨店に行きます。

百貨店で

洋子　「着いたわよ」

健太　「トム、日本の伝統的なお土産を買いたいんですよね」

トム　「そうだよ。健太、何かお勧めはある？」

健太　「備前焼はどうですか。岡山の有名な陶器ですよ」

洋子　「いい考えね、健太。この備前焼のコーヒーカップのセットなんてどうかしら、トム」

トム　「すごくかっこいいですね。これにします」

レジで

店員　「いらっしゃいませ、贈り物ですか、ご自宅用ですか」

トム　「贈り物です」

店員　「お包みいたしましょうか」

トム　「えっと……」

洋子　「はい、お願いします」

トム　「すごい！　この包装はとてもきれいです。日本人は親切ですね。アメリカではこんな素敵なラッピングや丁寧なサービスはありません」

健太　「そうなんですか。知りませんでした。日本では普通ですよ」

トム　「日本のラッピングの技術は素晴らしいね」

洋子　「丁寧な包装は日本人の親切心、おもてなしの表れなのよ。おそらく風呂敷で物を包むという日本の習慣に由来しているのね」

トム　「なるほど」

一郎　「うん、備前焼は美しいね」

明日天気になあれ

チュンとゆきは教室で話をしています

ゆき　　「また雨か……。３日間ずっと雨が降ってるね」

チュン　「そうね。外で遊べないから、すごく残念」

ゆき　　「日本は今、梅雨のまっただ中なんだよ」

チュン　「どのくらい続くの。晴れの日が本当に恋しいわ」

ゆき　　「７月までは太陽はあまり期待できないわね。でも、アジサイは楽しめるわよ。６月にとてもきれいに咲くのよ」

チュン　「先日、吉備津神社で見たわね。とてもかわいかった。でも、私やっぱり外で遊びたい」

ゆき　　「いいこと思いついた！　てるてる坊主を作ろうよ」

チュン　「何、それ」

ゆき　　「てるてる坊主は、いい天気になるように窓の外につるす紙か布の人形のことよ」

チュン　「おもしろそう」

ゆき　　「お昼ご飯の後で作ってみる？」

チュン　「そうだね」

ゆき　　「もう一ついいアイデアがあるわ。晴れをお願いする間、伸ばした人差し指の上に中指を交差させるの。二本の指を交差させるのは、願い事をするときに、いくつかの国で使われているジェスチャーなのよ」

チュン　「分かった、やってみる」

桃 太 郎

ゆき、チュン、勇人の３人が休み時間に話をしています。そこへトムがやって来ました。

トム　　「やあ、みんな。中学校生活には慣れたかい」
ゆき　　「はい、何とか。でも、時々小学校のことが懐かしくなります」
トム　　「分かるよ。（小学校の）外国語活動でしたことを何か覚えている？」
勇人　　「はい。僕は劇で桃太郎の役をしたことを覚えています。強くて勇敢な役でした」
チュン　「私は犬の役をしました。きび団子をもらって、桃太郎やサルやキジと一緒に鬼ヶ島に行ったわ」
ゆき　　「私は赤鬼の役をしたわ。戦いの後でみんなと仲良くなれて楽しかった」
トム　　「桃太郎は日本、特に岡山ではよく知られたお話なんだよね」
勇人　　「そうです。岡山は桃太郎伝説発祥の地として知られています」
チュン　「岡山駅前に桃太郎像があるのを見たことがあるけど、きび団子ってどんな味がするのかしら」
ゆき　　「今日の給食のメニューにきび団子があるわよ。偶然だわ」
チュン　「わあ、楽しみ」

きび団子

ゆき、勇人とチュンが給食できび団子を食べています。

勇人　「1年に1回だけ僕たちの給食にきび団子が出るんだよ。僕はこの給食が大好きなんだ」

チュン　「給食できび団子を食べるのは初めて」

ゆき　「きび団子は穀物の一種のきびを使っているのよ。私もきび団子が好きよ。食べてみて」

チュン　「何だかマシュマロみたいね。じゃあ、食べてみるわね」

ゆき　「味はどう」

チュン　「おいしい！　甘くて、やわらかいお餅みたい」

勇人　「きび団子は岡山では有名なんだよ」

チュン　「どうして」

ゆき　「桃太郎のお話知ってるでしょ。鬼ヶ島に行く途中にお供の犬、サル、キジにきび団子をあげたのよ。きび団子は鬼と戦う元気を彼らに与えたの。桃太郎は岡山で生まれたと言う説もあるわ」

チュン　「なるほど。きび団子は岡山の人にとって特別なんだね」

勇人　「そのとおり。チュン、ところできび団子を一つくれない。君のお供をするからさ」

チュン　「いいえ、結構よ。私にはお供は必要ないわよ」

白桃の袋かけ

チュンは月曜日に登校途中、ゆきに会いました。

チュン　「ゆき、どうかしたの。いつものようにきびきびと歩いていないね」
ゆき　　「元気よ。でも腰痛なの」
チュン　「どのくらい痛いの」
ゆき　　「かなり痛いのよ。先週末、叔父の桃果樹園でお手伝いしたの。白桃200個に特別な紙袋で袋掛けをしたのよ」
チュン　「どうして桃に袋を掛けるの」
ゆき　　「白桃に袋を掛けるのにはいくつか理由があるわ。一つは強い日差しを避けるためなの。もし袋を掛けなかったら、桃は日焼けをして赤くなってしまうの」
チュン　「赤ですって。信じられないわ。他にも理由があるの？」
ゆき　　「いくつかあるわ。強い雨や風から桃が傷むのを防ぐためもあるし、害虫から守ることもあるのよ。私の指を見て。袋の端の針金をねじるとき、指に傷ができちゃった」
チュン　「まあ！　指にたくさんのばんそうこうを巻いているのね。日本人は物を作るとき、とても注意深く、こだわり、独自のやり方を工夫するのね。ベトナムでは、たくさんの熱帯性果実を育てているけど、そのようにはしないわ」
ゆき　　「確かに大変だけど、どんな桃ができるか考えると、そうする価値はあると思うよ。白桃はいろいろな意味で最高。きれいだし、味もいいし、匂いもたまらない。8月の初めに白桃を食べるのが今から楽しみだわ。あなたも食べてみない」
チュン　「喜んでいただくわ。ゆき、あなたの鞄を持ってあげるわ」
ゆき　　「ありがとう」

桃農家のデザート

ゆきは叔父と叔母からたくさんの桃をもらいました。ゆきは桃農家のデザートを作ろうと決めました。

ゆき　　「見て、チュン。これが何の種類の果物か分かる？」

チュン　「うわあ。たくさんの桃だね。知ってるけど、日本ではまだ食べたことないわ」

ゆき　　「まさか。桃は岡山で最も有名な果物の一つだよ。私の叔父と叔母は桃農家で、毎年桃を送ってくれるの」

チュン　「食べてみたいわ。どうやって食べるの」

ゆき　　「そのまま食べるのもいいけど、私の叔母の自家製デザートの作り方を教えてあげるわ。よく私にそれを作ってくれるの」

チュン　「自家製デザートですって。私、甘いものが大好きなの。はじめましょう」

ゆき　　「はじめに桃の皮をむいて、小さく切るのよ。次に鍋に入れて弱火で煮込むの」

チュン　「なんていい匂い。それで……」

ゆき　　「少しハチミツとレモン汁を入れるのよ。その後、プラスチック容器にそれを入れるでしょ。最後に冷凍庫でそれを凍らせるの」

チュン　「夏にはすばらしいデザートね。ありがとう」

ジーンズのまち児島

一郎とゆきとエミリーが児島ジーンズストリートにやってきました。

一郎 「ここが児島ジーンズストリートだよ。児島は繊維産業で有名なんだ。児島では長い間、制服を作ってきたんだ。ジーンズの生産でも知られているんだよ。毎年春には、せんいのまち児島フェスティバルが開かれていて、たくさんの種類の衣類を買うことができるよ」

エミリー 「へえ～、わくわくします。私はジーンズが大好きなの。休みの日は、たいていジーンズを着ているんですよ。見て回りましょうよ」

ゆき 「それはいい考えですね。わぁ。ひもにつるされたあのジーンズを見て！　ちょっと、あの女の人を見てみて」

エミリー 「どの人のこと？」

ゆき 「あのジーンズショップの前に着物を着た女の人がいるでしょう」

エミリー 「本当に。あぁ、分かりました。あれは着物なんですか？　デニム生地じゃないかしら。混乱してしまうわ」

一郎 「今はね、デニムから作られた着物があるんだよ」

エミリー 「へえ～、本当ですか。かっこいいですね」

一郎 「デニムはとても強い生地なんだ。デニム生地は多くのものに使われているよ」

ゆき 「面白いですね」

岡山弁

トムと一郎、健太が居間で岡山弁について話しています。

トム　「この前の日曜日に大阪に行ったよ。そしたら大阪の人は変わった日本語を話していることに気づいたんだ。岡山の人が話しているのと少し違うんだよ」

健太　「それ、関西弁のことですよね」

トム　「関西弁？」

健太　「日本にはその土地固有の多くの種類の日本語が存在するんですよ」

一郎　「岡山にも岡山弁があるよ。例えば、『ぼっけぇ』や『でぇれぇ』とかね」

トム　「どういう意味ですか」

一郎　「どちらも『とても』という意味だよ。他の方言にもたくさん『とても』を表す表現がたくさんあるよ」

健太　「英語にも方言はあるんですか」

トム　「はい。英語は世界中の多くの国で話されているよ。それぞれ少し違ったかたちの英語なんだ。それぞれの国で話されている英語のなかにも多くの異なった方言が話されているんだよ」

健太　「そうなんですか」

ひるぜん焼そばを食べよう

日曜日の昼食の時間です。チュンとゆきが台所にいます。

チュン　「ああ、本当にお腹が空いた。お腹ペコペコだ」

ゆき　　「ちょっと待って、チュン。今日は岡山の有名なご当地グルメのひ
　　　　るぜん焼そばを作るわよ」

チュン　「岡山のご当地グルメですって。それは何？」

ゆき　　「安くておいしい料理よ。岡山にはたくさんご当地グルメがあるの。
　　　　そんなに高くないし、気軽に食べられるわ」

チュン　「それを聞くとうれしくなるわ。もう待てない。作りましょう……っ
　　　　て何だっけ」

ゆき　　「ひるぜん焼そばよ。作り方を教えてあげるわ。はじめに鶏肉とキャ
　　　　ベツを小さく切るの。そしてフライパンに油をしいて、肉を炒めま
　　　　す。次にキャベツを入れて、柔らかくなるまで炒めるの」

チュン　「いい匂い。私、牛肉や豚肉より鶏肉が好きなの」

ゆき　　「それはよかったわ。そして麺を一緒に炒めます。すべてを一緒に
　　　　混ぜたら、味噌ベースの特製ダレを入れます」

チュン　「分かったわ。私の国でも料理できそうね。それでは『いただきま
　　　　す』」。

備前焼

一郎、トムと健太は電車で備前市にある伊部駅にやってきました。

一郎 「さあ着いたよ。伊部は備前焼の生産で有名なんだ」
トム 「備前に来るのを楽しみにしていました。とてもわくわくしています。今日は思い出の品として備前焼を買いたいです」
一郎 「私もペアのコップを買いたいと思ってるんだ」
健太 「お父さんは備前焼が好きだよね。高いものは買わないでよ」
トム 「備前焼は駅の建物の二階の備前焼伝統産業会館で買えます。調べてきました！」
一郎 「そこへは帰りの電車に乗る前に行きましょう。まず備前焼についてもっと知るために通りを挟んだ備前焼ミュージアムにいくよ」

美術館で

トム 「驚きました。備前は日本六古窯の一つなのですね。六古窯は2017年に日本遺産に認定されています」
一郎 「これまでに五人の備前焼作家が人間国宝に認定されました」
健太 「それはすごいね」
トム 「このあとどこかで備前焼づくり体験をしてみたいな」

伝統産業会館にて

健太 「備前すり鉢は投げても割れないらしい。本当かな」
一郎 「たとえ備前焼がとても丈夫だとしても投げたり落としたりしたらだめだよ」
トム 「わあ、これが気に入りました。これを思い出の品として買います」

天体観測の国おかやま

一郎はトムと健太を浅口市にある岡山天文博物館に連れてきました。

トム　「うわあ、ここから二つの大きな天文台を見ることができますね」

一郎　「そうです。一つは国立天文台でもう一つは京都大学岡山天文台です」

トム　「岡山でこんなに天体観測が人気があったなんて知りませんでした。
　　　　何か理由があるのですか？」

健太　「分からないけど、もう博物館に入ろうよ。すぐに理由も分かるよ」

博物館にて

トム　「この場所が国立天文台として選ばれ、1960 年にオープンしたこと
　　　　を知って驚いています」

健太　「この博物館も 60 年の歴史があって驚いたよ」

一郎　「ところで、なぜこの場所が星を観察するために選ばれたのか分か
　　　　りましたか？」

トム　「はい。岡山は一年を通して晴天が多いからですね」

一郎　「その通り。岡山は『晴れの国』と呼ばれています」

トム　「美星町でもたくさんの星を見ることができると聞きました。本当
　　　　ですか？」

一郎　「そうだね。井原市の人々は光害に注意しているからね」

トム　「それはすばらしい。岡山は『天体観測の国』といえますね」

健太　「はいはい分かりました。さあ、プラネタリウムの時間だよ。行こう！」

ひな祭り

今日は３月３日、ひな祭りです。チュンがゆきの家を訪れています。

チュン　「こんにちは、ゆき」

ゆき　　「いらっしゃい。どうぞ入って」

チュン　「ありがとう。まあ、きれいなお人形ね。ひな人形かしら」

ゆき　　「そうよ。お内裏さまとおひなさま、親王飾りよ。これはわたしの
　　　　ひな人形だけど、お母さんの人形の方がずっと豪華で七段飾りなの
　　　　よ」

チュン　「分かる、分かる。だって新聞できれいなひな人形の写真を見たこ
　　　　とがあるもの。たくさんのひな人形が飾られて、岡山県内のあちら
　　　　こちらで一般公開されているらしいわね」

ゆき　　「それじゃあ、週末にひな人形を見に倉敷の美観地区まで行ってみ
　　　　ない？」

チュン　「すてきだわ、行きましょう」

健太　　「ただいま」

ゆき　　「お帰りなさい」

チュン　「こんにちは健太さん、お帰りなさい」

健太　　「やあ、君たち。おいしそうな食べ物がテーブルにあるじゃないか。
　　　　ちらしずしに潮汁に白酒に、ひし餅にひなあられだ。食べちゃお
　　　　う！」

洋子　　「ちょっと待って。今日はひな祭り、女の子のお祭りよ。『女の子が
　　　　先（レディーファースト）』ですからね」

健太　　「分かったよ。レディーのみなさん、お先にどうぞ！」

この漢字の意味は何

トムと健太が漢字について話しています。

トム　「僕が日本に来て5カ月がたったよ。最近、漢字の勉強を始めたんだ。岡山を象徴する漢字って何かな」

健太　「これはどうですか。それは『桃太郎』のお話に出てくる生きものを表しているんです」

健太が紙に「雉 (きじ)」と書く

トム　「この読み方は分からないなあ」

健太　「これは『キジ』と読みます。『キジ』は岡山の県鳥なんです。ご存知のように、岡山には有名なサッカーチーム『ファジアーノ岡山』がありますよね」

トム　「あぁ、そうだね」

健太　「『ファジアーノ』はイタリア語で『キジ』なんです。だから彼らのユニフォームは『キジ』のエンブレムがついているんです」

トム　「へえ～、すごいね」

健太　「えーっと、これはどうですか。『カラス』と読みます。『カラス』は英語で crow です」

健太は紙に「烏 (からす)」と書く

健太　「岡山城はその色が黒いことから、『烏城 (うじょう)』と呼ばれることがあります。そういえば、サムライブルー（サッカー日本代表）のユニフォームには『カラス』のエンブレムがついています」

トム　「本当に！　漢字って奥が深いね」

新学期のスタート

エミリーが鈴木家を訪れています。エミリーとゆき、一郎が居間で話をしています。

一郎 　「4月になったね。ゆきも中学生か。どんな気分だい」

ゆき 　「この前、小学生がランドセルを背負って歩く姿を見たの。懐かしい気分がしたわ」

エミリー「分かるわ。ついこの間まで小学生だったものね。ところで、ランドセルって何かしら?」

ゆき 　「ランドセルって英語じゃないんですか」

エミリー「いいえ、違うわ」

一郎 　「ランドセルはオランダ語の『ランセル』から来ていると言われているんだよ。英語では satchel か school bag だね」

ゆき 　「へえ、知らなかったわ。とにかく、新たな気持ちで勉強を頑張ろう。桜の花がきれいに咲く春にはやる気になるの。オーストラリアではいつ新学期が始まりますか」

エミリー「1月末か2月の初めごろね。オーストラリアは南半球にあるのでそのころは夏なのね」

ゆき 　「へえ、おもしろい。新学期が始まる時期は国によって違うのね」

一郎 　「北半球の多くの国では9月に新学期が始まるみたいだよ。長い夏休み明けに新生活が始まるということだね。お隣の韓国では3月に新学期が始まるよ」

ゆき 　「お父さんは何でも知ってるのね。本当に物知りね」

エコバッグ

エミリーが鈴木家を訪れています。エミリーとゆき、一郎が居間で話をしています。

エミリー 「先週末に岡山市にある百貨店に行ったの。ちょっと聞きたいことがあるんだけど」

ゆき 「何かあったのですか」

エミリー 「ある女の人がすでに透明な袋に入れられた一足のソックスを買ったんです。店員はそれを大きな美しい紙で包装して、さらにそれを別のビニール袋に入れたのよ」

ゆき 「まあ、それは驚くことではないですよ」

エミリー 「なぜなの？ なぜそんなに大きな美しい紙とビニール袋を一つの品物に使うのでしょう？ その女性は家に帰ったらそれらの包みを捨てますよ。過剰なサービスはゴミを生み出すよね」

一郎 「百貨店では独自の美しい紙で品物を包装するのが普通なんだ。それは風呂敷でものを包むという日本の習慣に由来するといわれているんだよ」

ゆき 「本当に？ 知らなかったわ」

一郎 「近年では、店員も頼まれなければ贈り物用の包装はしないよ。そのソックスを買った女性は、贈り物用の包装サービスをお願いしたのだと思うな」

エミリー 「分かりました。日本人もオーストラリア人と同じようにエコバッグを使っていることを思い出したわ。日本人は柔軟なのね」

ゆき 「一つ質問があるの。プレゼントは贈り物用の包装をしてもらいたいのですか」

エミリー 「もちろん贈り物用にしてほしいわ！」

裸祭り

一郎　「トム、裸祭りのことを聞いたことがあるかな」

トム　「何ですって。裸の男の祭り？　本気で言ってるんですか」

一郎　「ああ。参加者は完全に裸というわけではなくてね。まわしという
　　　　日本的な腰布をしめているんだ」

トム　「そうですか。お祭りで何をするんですか」

一郎　「宝木という清められた木片を取るために戦うんだよ。宝木を取っ
　　　　た男は "福男" と呼ばれて福が得られるんだ」

トム　「それはいつ開かれるのですか。夏ですよね」

一郎　「いや。反対に冬の一番寒いときに開かれるんだよ」

トム　「冗談ですよね」

一郎　「いや、違うよ。実際２月の第３土曜日の夜に開かれるんだ」

トム　「参加者は凍えてしまいますよね」

一郎　「最初は凍えそうなんだけど、後になるとその場が非常に混み合う
　　　　から温かくなるんだ」

トム　「祭りには何人ぐらいの人が参加しますか」

一郎　「数千人だよ」

トム　「すごいですね。どこで開かれるのですか」

一郎　「岡山市にある西大寺観音院で開かれるんだ。毎年見物に行ってい
　　　　るよ。祭りにはたくさんの外国人も参加していてね。トム君、参加
　　　　することに興味はあるかな」

トム　「多分、来年。今年は祭りを見学します」

岡山さくらカーニバル

トムと健太が岡山さくらカーニバルに来ています。

トム　「見てよ、あの人たち！　たくさんいるね。桜もきれいだね」

健太　「これは岡山の大きなお祭りの一つなんです。『岡山さくらカーニバル』と呼ばれていますよ」

トム　「ワシントン D.C. で開かれるお祭りに似ているね。"the National Cherry Blossom Festival" というお祭りがあるんだよ」

健太　「へえ〜、何か違いはありますか」

トム　「えーっと、日本とは違って、私たちは飲食物を持参して食べたり飲んだりしないんだ。人々が外でお酒を飲んでいるのを見た時は、びっくりしたよ。アメリカでは普通、禁止されているんだ」

健太　「本当に。えっ、じゃあ、桜の木の下でお酒を飲んでいるだけで、僕のお父さんは警察に怒られるのですか」

トム　「あはは、そうかもしれないね。それはそうと、お腹がペコペコなんだけど。何か食べ物や飲み物を取りにいこうよ。桜はきれいだけど、こういう時アメリカでは『小鳥のさえずりよりパン』っていうんだ」

健太　「おもしろいですね。日本語にもよく似た表現がありますよ。『花より団子』です」

トム　「前に聞いたことがあるよ。それは『花より団子の方がいい』という意味だよね」

健太　「はい、そうです。後で、他にも類似の表現があるかどうか調べてみるといいかもしれませんね」

トム　「そうだね。でも、まずは食べ物だ！」

夏のボランティア活動

チュンとゆきが洋子とともに夏のボランティア活動として老人ホームを訪れました。

チュン 「わあ！　おじいちゃんもおばあちゃんもみんな楽しそう」

ゆき 「あのおばあちゃん、手を振ってる」

洋子 「そうね。ダンスのチームがお年寄りの方々に踊りを見せているのね」

ゆき 「見て！　あの子、私の友達よ。ダンスがとっても好きなの」

チュン 「とっても上手ね」

ゆき 「そうよ。おかやま桃太郎まつりの練習もしてるの」

洋子 「チュン、来週もおかやま桃太郎まつりでこの踊りが見られるわよ。うらじゃと言うのよ。うらじゃは観衆に元気を与えるわ」

ゆき 「私、うらじゃ踊りと花火を早く見たいなあ。何か夏休みの計画はあるの？」

チュン 「うん。父さんが蒜山高原に連れて行ってくれるんだ。サイクリングやキャンプをして楽しむのよ。楽しみだなあ」

ゆき 「お母さん、私やりたいことがいっぱいありすぎるわ」

洋子 「それはよかったわね。でも宿題は忘れたりはしてないよね」

うらじゃ踊り

今日は８月２日。ゆき、チュン、一郎、それにトムは岡山駅にいます。彼らは「おかやま桃太郎まつり」について話しています。

チュン　「今日は暑いですね。わぁ！　たくさんの人が通りにいるわ」

トム　「この人たちは何をしているんだろう」

一郎　「彼らはボランティアスタッフとして、うらじゃ踊りの準備をしているんだよ」

トム　「うらじゃ踊りって何ですか」

ゆき　「リズミカルな踊りよ」

一郎　「振り付けは、それぞれの踊り連のオリジナルなんだ。約150の連が今年は参加するよ」

チュン　「へえ〜、そうなの。踊り手たちは顔にペイントもしていますね」

トム　「奇妙で、ちょっと怖いよね」

一郎　「それは『温羅化粧』といって、うらじゃ用の化粧だよ。デザインは『温羅』という鬼の姿に由来してるんだ」

トム　「かっこいい！　最高の踊りを披露した連（グループ）は賞をもらえるのですか」

一郎　「その通り。それでは、踊りを楽しもう」

チュン　「今日、踊りに参加してもいいの？」

ゆき　「もちろんよ。さあ、一緒に踊りに行きましょう」

トム　「ちょっと待って。僕は踊るのがあまり好きじゃないんだ。みんなが踊るのを見てるからね。来年はボランティアとして参加したいなあ」

岡山にある世界的な企業 1

ゆき、チュン、勇人は午前の休み時間に教室で語り合っています。

チュン　「ゆき、将来何になりたいの」

ゆき　　「私は子どもが好きだから小学校の先生になりたいわ。チュンは何
　　　　になりたいの」

チュン　「私はできたらお医者さんになりたいわ。ベトナムの人々や子ども
　　　　のために働きたいの。勇人はどうなの」

勇人　　「まだ分からない。でも国際的な仕事ができるといいな」

ゆき　　「それなら、英語をしっかりと勉強しないといけないわね」

チュン　「外国で勉強したり、仕事をしたりしてみたらどうかしら」

勇人　　「でも岡山を離れたくないな。家族の近くにいたいんだ」

ゆき　　「うーん、それは難しいよね。岡山には国際的な会社がないものね」

チュン　「それは違うわ。ナカシマプロペラのことは知らないのかな？」

勇人　　「聞いたことがあると思う。飛行機のプロペラを作っている会社か
　　　　な？」

チュン　「いいえ。世界の船のスクリューを作っている会社よ。大きな物は
　　　　直径 11 メートルもあるの。世界の 3 割の船にナカシマプロペラが
　　　　使われているのよ」

岡山にある世界的な企業　2

ゆき、チュン、勇人は午前の休み時間に教室で語り合っています。

ゆき　　「チュン、なぜそんなにナカシマプロペラのことをよく知っているの」

チュン　「ベトナムの私の家の近くにもその会社の大きな工場があるの。その会社の本社は岡山市にあって、大きな工場が倉敷の玉島とベトナムにあるのよ」

ゆき　　「世界で活躍している大きな会社が岡山にもあるとは知らなかったわ」

チュン　「設計、鋳造、機械加工、仕上げのすべての工程で職人技とデジタル技術を融合させているそうなの。そうした精密な技術を最大限に生かしたものづくりがナカシマの誇りだそうよ。プロペラの羽根が手作業で仕上げているなんて信じられる？」

勇人　　「それはおもしろい。やっぱり日本人の物づくり魂だね」

ゆき　　「岡山にも世界で活躍する会社があることが今分かったわ」

岡山で開催のESDに関するユネスコ世界会議

勇人とトムが放課後に話をしています。

勇人　「EDSの意味を知っていますか」

トム　「聞いたことないなぁ」

勇人　「環境に優しくすべきだという考え方なのですが」

トム　「う～ん、そうかピンときた。それはEDSじゃなくてESDだよ。その頭文字は、『持続可能な発展のための教育』ということを表しているんだ。どうして興味を持ったの」

勇人　「担任の先生が今朝その話をしていて、僕以外はみんな知っているみたいだったので。どうしてそんなににんまりしているんですか」

トム　「ESDは僕にとって重要なことなんだ。この言葉は1980年代から世界中で使われている。その概念の中心には、保存と開発を二つの対立するものとして捉えるべきではないという考えがあるんだ」

勇人　「難しいですね」

トム　「そうだね。もし私たちが今のスピードで天然資源を使い続けたら、将来どうなるか分かるよね。保存と開発との間で起こる対立をすべて無くすことは無理かも知れない。けれど私たちがしっかり考えれば、それら二つの概念をもっと両立させることができるかも知れないよ」

勇人　「だから、『教育』という名が付けられているのですね」

トム　「その通り。その計画に関係する人たちが岡山で開催されたユネスコ世界会議に参加するために、2014年に日本にやってきたんだ。僕は教育がよりよい世界を創るためのプロジェクトを打ち上げるメーンエンジンになると思うんだ」

勇人　「すばらしい。もっと勉強しなければなりませんね」

将来の夢

一郎が、ゆきと勇人、トムを乗せて吉備高原まで車を走らせています。そこ
で彼らは将来の夢について語っています。

トム	「わあ、なんて美しい場所なんだ」

トム　「わあ、なんて美しい場所なんだ」
一郎　「ここが吉備高原です。岡山県のまん中に位置します」
トム　「あの建物は何ですか」
勇人　「あれは吉備高原医療リハビリテーションセンターです」
ゆき　「なんで知っているの」
勇人　「岡山の医療施設についてとっても興味があるからだよ。医療問題
　　　　は高齢化社会の重大な課題なんだ」
トム　「その通りだよ。それじゃあ、勇人君は将来、医者になりたいのかい」
勇人　「まだわかりません。でも、社会問題とか国際問題を解決するため
　　　　の仕事に就きたいと思っています」
トム　「すばらしい夢だね」
ゆき　「トム先生はなぜ岡山に来たのですか」
トム　「ええっと、僕は日本語の教授になりたいんだ。今回はＡＬＴとし
　　　　て日本に来たんだよ。日本語と日本の文化についてもっと学ぶつも
　　　　りなんだ。生徒が英語やアメリカの文化を理解するのも手伝いたい。
　　　　国際人になりたいんだよ」
勇人　「国際人になるには何が必要ですか」
トム　「自国と他国について広い心をもつことが必要だと思うよ」
ゆき　「なるほど。私は外国語をもっと勉強して、外国の生活スタイルや
　　　　考え方も理解したいです。そして将来は世界平和に貢献したいです」

送別会にて

トムがアメリカのボストンへ帰ることになりました。鈴木家でトムの送別会を行っています。

トム　「本当 にいろいろありがとうございました」

健太　「こちらこそありがとうございました。マサチューセッツ州や州都ボストン市の話をたくさんしてくれましたね。トムさんの話はいつも面白かったです」

トム　「私も皆さんから岡山についてたくさん学びました。岡山で本当に楽しい時を過ごしました」

一郎　「それを聞いて嬉しいね。岡山の良さを伝えるように努めてきたんだ」

ゆき　「トム先生もお父さんも自分の住んでいる場所についてたくさん話ができてすごいよね。私もそんな人になりたいな」

トム　「僕はアメリカの文化や英語を教えるのが好きだからね。『教えることは学ぶことである』と僕はいつも考えているよ」

一郎　「『学問に王道なし』ということわざもある。何かを学ぶにはたくさんの労力と努力が必要ということだよ。健太もゆきも岡山について英語で世界に発信できるようにこれからしっかり勉強するんだよ」

トム　「二人ならできるよ。さよならを言うのはつらいけど、もう行かなくちゃ。またね」

健太　「また会う日までさようなら」

ゆき　「寂しくなります。連絡してくださいね」

改訂新版
"Hello" from Okayama
岡山から"ハロー"

練習問題
解答

P14　SECTION 1

(1) T　　(2) T　　(3) F　　(4) T

P24　SECTION 2

1.
(1) ボストン市はアメリカのマサチューセッツ州にあります。マサチューセッツ州はアメリカ北東部に位置しています。

(2) アメリカ合衆国には州が 50 州あります（アメリカ合衆国の首都ワシントン DC（ワシントン・コロンビア特別区）は州としてカウントはしない）。50 州の中で最後に加盟したのはハワイ州です。

(3) 日本の都道府県は 1 都 1 道 2 府 43 県で、計 47 都道府県です。

＊2014 年 12 月現在、19 の都道府県で県名と県庁所在地の名称が異なります（東京は含まない場合がある）：北海道（札幌市）、岩手県（盛岡市）、宮城県（仙台市）、茨城県（水戸市）、栃木県（宇都宮市）、群馬県（前橋市）、埼玉県（さいたま市）、東京都（新宿区）、神奈川県（横浜市）、石川県（金沢市）、山梨県（甲府市）、愛知県（名古屋市）、三重県（津市）、滋賀県（大津市）、兵庫県（神戸市）、島根県（松江市）、香川県（高松市）、愛媛県（松山市）、沖縄県（那覇市）

2.
(1) I am 〜.　　(2) Are you 〜?　　(3) Nice to meet you.　　(4) This is 〜.
(5) Welcome to 〜.　　(6) Can/May I help you?

P25　SECTION 3

岡山県の市町村：岡山市、倉敷市、津山市、玉野市、笠岡市、井原市、総社市、高梁市、新見市、備前市、瀬戸内市、赤磐市、真庭市、美作市、浅口市、和気町、早島町、里庄町、矢掛町、新庄村、鏡野町、勝央町、奈義町、西粟倉村、久米南町、美咲町、吉備中央町（15 市 10 町 2 村）

P25   SECTION 4

(1) あとの二つは金沢市にある兼六園と水戸市にある偕楽園です。
(2) 兼六園は石川県、偕楽園は茨城県にあります。

P32   SECTION 1

(1) 桃太郎　　(2) 温羅　　(3) 雪舟

P32   SECTION 2

(1) Yes, I have. I thought that the five-story pagoda was really impressive.
(2) 岡山市（キク）、倉敷市（フジ）、津山市（サツキ、サクラ）、玉野市（ツツジ）、
　　笠岡市（キク）、井原市（サクラ）、総社市（レンゲ）、高梁市（サクラ）、
　　新見市（ツツジ）、備前市（サツキ）、瀬戸内市（キク）、赤磐市（モモ、サクラ）、
　　真庭市（未制定）、美作市（カタクリ）、浅口市（未制定）、和気町（フジ）、
　　早島町（サツキ）、里庄町（未制定）、矢掛町（サクラ）、新庄村（サクラ）、
　　鏡野町（リンドウ、サクラ）、勝央町（ツツジ）、奈義町（ウメ）、西粟倉村（サツキ）、
　　久米南町（ツツジ）、美咲町（サツキ、キク）、吉備中央町（ツツジ）

P39   SECTION 3

(1)（ウ）　　(2)（イ）　　(3)（ア）　　(4)（イ）　　(5)（ウ）
(6)（イ）　　(7)（ア）

P40   SECTION 4

1.
(1) It's Suiren.
(2) Ohara Magosaburo did.
(3) They were planted from the root of the water lilies that Monet actually painted.

2.
モネが描いた「睡蓮」が実際に展示されているだけでなく、モネが実際に描いたスイレンから株分けしたスイレンが植えられている。

P56   SECTION 1

(1) People visit Hiruzen Heights all the year round. In the spring they can enjoy the fresh air and see the new flowers. In the summer it is a good place for camping. We can drink fresh water at the foot of the mountain. There are also some events like festivals and concerts. In the fall the leaves turn a beautiful red or yellow color. Then in the winter lots of people come here for skiing. The place is famous for growing radishes called Hiruzen-Daikon. Daikon means radish in Japanese.

(2) Why don't you try Bara-zushi? In Japanese cooking, color and shape are very important. If you try this sushi, you can eat a lot of fresh vegetables and fish from Okayama.

P56   SECTION 2

1.
(1) 一列に並んでください。　　(2) おしゃべりは小さい声でお願いします。
(3) 作品に触れないでください。　　(4) 写真撮影はご遠慮ください。
(5) 鉛筆のみの使用をお願いします。　　(6) 飲食禁止です。

2.
(1)（エ）　　(2)（カ）　　(3)（イ）　　(4)（ウ）　　(5)（ア）　　(6)（オ）

P57   SECTION 3

(1) F　　(2) T　　(3) F　　(4) T

P58   SECTION 4

1.
(1) It is Tatsuta Hime.
(2) In the Showa era.
(3) It is in Setouchi City.
(4) It is old.

2.
（解答例）
日常的にお辞儀をする・しないなど。

P58   SECTION 5

(1) 岡山湯郷ベルのサッカーの試合を観戦していた。
(2) 血行が良くなり疲労回復にも効果がある。
(3) 円仁法師は現在の湯郷温泉を発見した人だと信じられている。

P69   SECTION 1

(1)（ウ）　　(2)（ア）　　(3)（エ）　　(4)（オ）　　(5)（イ）

P73   SECTION 2

（解答例）
In Japan, people throw away their garbage at a garbage station on fixed days. They use large plastic bags called gomibukuro which are sometimes designated by the local government.

（解答例）
In Japan, we get on a bus through the back door, take a ticket and sit down. Then we pay when we get off. We use the door at the front to get off.

P73 SECTION 3

1.
(1) He recommended Tom to buy a set of Bizen-yaki coffee cups.
(2) It is called Omotenashi.
(3) It comes from the Japanese custom of wrapping something with *furoshiki*.

2.
(3)

P73 SECTION 4

(1) Yes, I have. When I was an elementary school student, I looked forward to a school excursion. So, I made a *teru teru bozu* because I was hoping it would be fine the next day.
(2) The early summer rainy season is called *tsuyu* in Japanese. *Tsuyu* begins around the middle of June and lasts about a month. This rain is necessary for farmers at rice-planting time.

P83 SECTION 1

(1) 一寸法師
(2) さるかに合戦
(3) 鶴の恩返し
(4) 花咲かじいさん

P87 SECTION 2

（解答例）
I like Kibidango because it has a soft texture and it tastes good.

P87　SECTION 3

(1) He met Yuki.
(2) Because she helped her uncle to cover 200 peaches with special paper bags.
(3) He has Hakuto.
(4) Because covering peaches avoids the strong sunshine and keeps them white. Because covering peaches avoids peaches getting damaged by heavy rain and wind and it protects them from insects.
(5) Yes, he did.

P87　SECTION 4

（解答例）
(1) Yes, I do.
(2) I like mandarine oranges.
(3) 省略

P103　SECTION 1

(1) Yes, I have. It was really interesting.
(2) Because she loves jeans.
(3) Kimono and Jeans.
(4) Mascat grapes, Hakuto grapes and jeans.

P103　SECTION 2

1.
(1) ぎょうさん
(2) えれえ
(3) どけえいきょん
(4) おえん
(5) ぽっけえきょうてえ

2.

（解答例）

アメリカ英語では1階は first floor、2階は second floor であるが、イギリス英語では
1階は ground floor、2階が first floor であるなど。

P103　SECTION 3

(1) Yes, I like it very much.
(2) Yes, I can. I can cook it but I can't say it tastes good.
(3) The local dish of my town is *takomeshi* or rice with diced octopus.

P104　SECTION 4

(1) 茶の湯
(2) 生け花
(3) 漆器
(4) 十二支
(5) 七福神
(6) はんこ

P104　SECTION 5

1.
(1) the Pole Star　　(2) the Big Dipper　　(3) the Southern Cross

2.
Aries（アリエス：おひつじ座），Taurus（タウラス：おうし座），Gemini（ジェミニ：ふ
たご座），Cancer（キャンサー：かに座），Leo（レオ：しし座），Virgo（バルゴ：おと
め座），Libra（リブラ：てんびん座），Scorpio（スコーピオン：さそり座），Sagittarius
（サジタリウス：いて座），Capricorn（カプリコン：やぎ座），Aquarius（アクエリアス：
みずがめ座），Pisces（ピスケス：うお座）

P119　SECTION 1

（解答例）
We usually cerebrate Children's Day on May 5. It is a Japanese national holiday. It is also called Boys' Festival.

P119　SECTION 2

（解答例）
My name is 鈴木一郎. 鈴 means a bell and 木 is a tree. 一郎 means the first son （長男）.

P119　SECTION 3

(1) part-time job 　　(2) power outlet 　　(3) business person
(4) mechanical pencil 　　(5) stapler 　　(6) reception

P120　SECTION 4

(1) 環境問題 　　(2) 大気汚染 　　(3) 地球温暖化 　　(4) 酸性雨
(5) オゾン層 　　(6) 紫外線

P133　SECTION 1

1.
(1) The third Saturday night in February at Saidaiji Kannonin Temple.
(2) *Mawashi.*
(3) *Shingi.*
(4) Several thousand people.
(5) No.

2. 省略

P133 SECTION 2

アメリカでは公共の場所でお酒を飲むことが禁じられているのに、日本ではそれが許されているから。

P133 SECTION 3

（解答例）
Yes, I have. I have once experienced cleaning the Shibukawa beach. It was very hard, but I was really satisfied because I felt I did something good voluntarily.

P133 SECTION 4

(1) mask　　(2) shaved ice　　(3) goldfish scooping　　(4) shooting
(5) portable shrine　　(6) cotton candy

P149 SECTION 1

(1) The Asahi River is the longest river in Okayama Prefecture. It is 142 kilometers long.
(2) Mount Ushiro is the highest mountain in Okayama Prefecture. It is 1,344 meters high.

P149 SECTION 2

省略

P149 SECTION 3

(1) Machine　　(2) Flying　　(3) soon　　(4) way　　(5) bye
(6) information

P150　SECTION 4

1.
(1) It's in the middle of Okayama Prefecture.
(2) No, he doesn't
(3) He hopes to be a professor of Japanese.

2.
（解答例）
I haven't decided the specific job yet. However, I want to do a job which contributes to environmental protection because we should look after our environment.

P150　SECTION 5

（解答例）
I have learned a lot about Okayama by reading through this book. I realized that I need to study not only about English but also about the culture, history and geography of the place where we live. If I can keep it in mind, I hope I may be able to convey messages in English from Okayama.

編集関係者一覧

■ 監修
松畑　熙一

■ 執筆・編集
竹野純一郎（編集主幹）
名合　智子（編集委員）
木村　明美（編集委員）
福原　史子（編集委員）
佐生　武彦（編集補佐）
大橋　典晶（編集補佐）
バーデン京子（編集補佐）
森年ポール（英文校閲）
赤松　康子
伊藤　悦子
上岡　仁
江田　信一
岡本　和美
小野寺達明
垣下　元子
柏野恵理子
梶原　敏
木元　栄
黒明堅一郎
島元　一志
杉原　賢一
瀧本　里美
詫間　知徳
堤　幸彦
藤井佐代子
丸山　博樹
面手　康博
森岡　淳
守屋　孝治
守分　敬
山際　由佳
山口　貴之

■ 音声吹き込み
大橋　典晶
坂元　里帆
竹野純一郎
長島　亜衣
バーデン京子
福田　衣里
マーク・ブラントン
森年エマ日向子
森年ポール

■ 写真提供
岡山ローバル英語研究会
安藤　通明

■ イラスト
日名　雅美

付録CD-ROMの使い方

本書の付録CDは、本文の英会話部分のみ収録したオーディオCDです。一般的な音楽CDプレーヤーで再生することが可能です。音楽CDに対応したCD-ROMドライブ、DVD-ROMドライブを搭載したパソコンでも、音楽CD再生ソフトウェアを利用して再生できます。なお、パソコンでご使用になる場合はCD-ROMドライブとの相性により、ディスクを再生できない場合があります。ご了承ください。

※付録CDの内容を無断で複写、複製(コピー)することは、著作者および出版社の権利の侵害となりますのでご注意ください。
※付録CDのご利用によるいかなる損害に対しても(株)山陽新聞社では責任を負えませんのであらかじめご了承ください。

改訂新版 岡山から"ハロー"

2014(平成26)年12月20日　初版第1刷発行
2020(令和2)年11月1日　改訂新版第1刷発行

編　　　者　岡山ローバル英語研究会
発 行 者　江草明彦
発 行 所　株式会社　山陽新聞社
　　　　　　〒700-8534　岡山市北区柳町二丁目1番1号
　　　　　　Tel.(086)803-8164　Fax.(086)803-8104
　　　　　　https://c.sanyonews.jp/
Ｄ Ｔ Ｐ　オノウエ・デザイン・オフィス
印 刷 所　モリモト印刷株式会社
　　　　　　〒162-0813　東京都新宿区東五軒町3-19
　　　　　　Tel.(03)3268-6301　Fax.(03)3268-6306